U0680709

从用户研究中获得收益

—基于鼠标/手指轨迹的用户行为分析详解

刘志军◎著

本书通过11种直观图示、2项发明专利、8种分析方法，帮你解决5类问题：广告效果判断、竞价优化、页面转化率提升、用户可用性测试、心理学研究，适用于以H5开发的页面、小程序、APP。

经济日报 出版社

图书在版编目 (CIP) 数据

从用户研究中获得收益 ： 基于鼠标／手指轨迹的用户行为分析详解／刘志军著． -- 北京：经济日报出版社，2025. 1. -- ISBN 978-7-5196-1536-9

Ⅰ. C912.6

中国国家版本馆 CIP 数据核字第 20240XC184 号

从用户研究中获得收益——基于鼠标／手指轨迹的用户行为分析详解
CONG YONGHU YANJIU ZHONG HUODE SHOUYI——JIYU SHUBIAO / SHOUZHIGUIJI DE YONGHU XINGWEI FENXI XIANGJIE

刘志军　著

出　版：经济日报出版社
地　址：北京市西城区白纸坊东街 2 号院 6 号楼 710（邮编 100054）
经　销：全国新华书店
印　刷：凯德印刷（天津）有限公司
开　本：710mm×1000mm　1/16
印　张：12.75
字　数：200 千字
版　次：2025 年 1 月第 1 版
印　次：2025 年 1 月第 1 次印刷
定　价：69.30 元

本社网址：www.edpbook.com.cn　　　微信公众号：经济日报出版社
本社法律顾问：北京天驰君泰律师事务所，张杰律师
举报电话：010-63567684　举报信箱：zhangjie@ tiantailaw.com
本书如有印装质量问题，请与本社总编室联系，联系电话：010-63567684

前　言

2007 年，我曾写过一个电子教程《搜索引擎优化（SEO）从入门到精通》，下载量超 30 万人次，随后几年陆续有人找我帮他们进行网站优化。2011 年，我帮助客户优化百度竞价后台时，面对网页跳出率高达 75% 的问题感到束手无策。我非常想知道用户为什么会在这个页面上离开，但当时却没有找到任何可行的解决方案，问题就被搁置下来了。

一个月后的某天，我偶然间阅读了一本名为《顾客为什么购买》的书，我非常羡慕书中所介绍的研究方法。书中提到作者在商场的不同位置安装摄像头，记录用户的行走路线和浏览商品的过程，并反复观看这些录像，以寻找用户的动机。特别引起我共鸣的是书中的一句话："预知怎样卖，先知顾客怎样走。"这句话启发了我去深入研究用户在网页上的行为和离开的原因。

经过深入思考后，我认识到鼠标轨迹能够相对准确地反映用户在网页上的行为，对于网站分析非常有帮助，是一个不错的研究方向。另外我当时也有十几年的编程经验，开发这样的系统也在能力范围内，所以我决定开发基于用户鼠标轨迹的分析系统。随后，经过几个月的连续开发，我成功地制作出了第一个鼠标轨迹图，后来还申请了发明专利，并在 3 年后获得通过。在随后的几年中，鼠标轨迹帮助我的很多客户解决了大量棘手的问题。随着手机的普及，网站也从电脑端移到了手机端，鼠标也被手指替代，我也对系统进行了升级，可以在 H5 页面上使用，包括网站、小程序、嵌入式 APP。

经历过这一切，我意识到这是一条新的用户体验研究路径。未来人们将不再像我一样在面对问题时束手无策。借助这些用户轨迹分析方法，他们可以更快速地发现问题，并有针对性地进行改进。

从用户研究中获得收益主要体现在以下两个方面：

1. 节约成本：避免无效的流量，节约广告费用。

2. 提高转化：优化页面，提高网站的转化率，增加收入。

全书共分为六章：

第一章介绍了传统用户体验研究中使用的工具优点及缺点，包括眼动仪、录像、录屏软件、埋点、轨迹回放等。

第二章介绍了用户轨迹的 11 种图示的作用，包括独立轨迹图、合并热力图、屏测图、来源效果报告、挽留热力图、细节对比图、流向热力图、模拟移动、实时轨迹、独立调查浏览器、原始数据。

第三章介绍了使用用户轨迹可以解决的相关问题。包括广告效果分析、虚假流量识别、用户体验分析，以及实时的用户交互。

第四章介绍了用户轨迹的 8 种分析方法，包括明确目的、熟悉业务、还原场景、避免片面、对比分析、二八法则、刨根问底、分析需求。

第五章介绍了生成用户轨迹的系统，包括安装部署、采集数据、运行客户端。

第六章介绍了用户轨迹的不足、鼠标轨迹的使用者。

随着这本书的深入探讨，读者将掌握如何运用用户轨迹分析来优化网站设计，提升用户体验，降低无效投入，并最终实现商业价值的最大化。

刘志军

2024 年 3 月

目 录 CONTENTS

第一章

传统用户研究

第一节　综述

我理解的用户体验研究应该按用户是否感知来分类，分有感研究和无感研究。有感研究方法包括眼动仪、录像、录屏、记录鼠标轨迹；无感研究工具包括埋点和轨迹回放。

为什么要这样分类呢？因为有霍桑效应的存在。霍桑效应源于一次失败的管理研究。20世纪30年代，美国的科学家乔治·梅奥在名为霍桑的工厂进行了一次提高工作效率的研究，研究工作条件与生产效率之间的关系，包括外部环境影响条件（如照明强度、湿度）以及心理影响因素（如休息间隔、团队压力、工作时间、管理者的领导力）。研究的结果是，不论这些条件和因素如何变化，其生产效率都大幅度提升了。原来是因为那些被选择成为实验对象的人们，认为自己被选择是非常骄傲的事情，所以不论条件和因素怎么变化，他们都一直加倍努力工作。所以，霍桑效应的存在会直接导致结果异常，在研究中应引起特别关注，尽可能多采取用户无感研究或者有感无感混合研究。

第二节　有感研究

这些设备或软件在运行时，用户能够感知到自己是被研究的，适合专业用户分析师使用。

一、眼动仪

眼动仪是一种用于记录和分析人眼运动的设备，它能够追踪和记录眼球在空间中的位置和转动。这项技术对于用户分析和人机交互研究非常有价值，因为眼动仪可以为研究提供关于用户注意力、视觉注意区域和阅读模式等方面的详细数据。

眼动仪的工作原理是通过红外线或视频摄像头来监测眼球的运动。它通常包括一个或多个传感器，这些传感器可以追踪瞳孔的位置和眼球的转动。

通过分析眼动仪捕捉到的数据，我们可以了解用户在观察屏幕或实物时的注视点、注视持续时间和扫视路径等信息。

　　眼动仪有很多种类，有桌面放置的眼动仪（图 1–1）、头戴式眼动仪（图 1–2）等。

图 1–1　桌面放置的眼动仪 Tobii Pro Spectrum

图 1–2　头戴式眼动仪 Dikablis Glasses 3

　　眼动仪应用广泛，涵盖了许多领域。在用户体验设计中，眼动仪可以帮助研究人员了解用户在使用界面时注意力集中和转移的情况，从而优化界面布局和交互设计。在广告研究中，眼动仪可以揭示用户对广告中不同元素的关注程度，帮助增强广告效果。在人机交互研究中，眼动仪可以帮助研究人员了解用户在与计算机或虚拟现实系统交互时的认知和注意过程。眼动仪热图如图 1-3 所示。

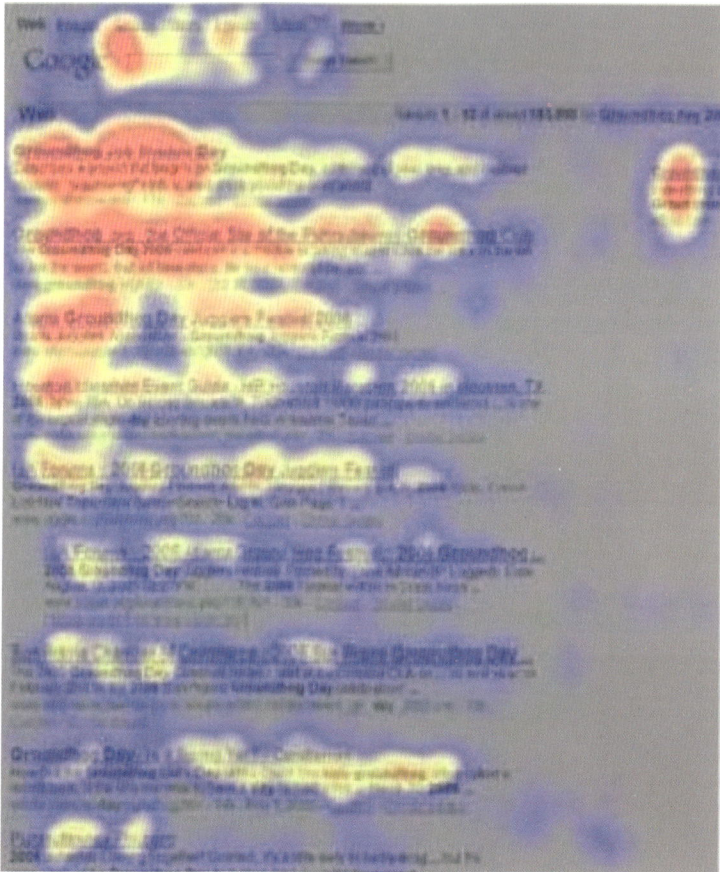

图 1-3　眼动仪热图

使用眼动仪须经过仔细的实验设计和数据分析。研究人员通常会制定实验任务或场景，并在测试过程中记录参与者的眼动数据。数据的分析可以包括生成热点图、注视路径图和注视序列图等可视化结果，以及统计分析注视持续时间、注视频率和扫视速度等参数。

虽然眼动仪提供了有价值的数据，但也有一些限制。例如眼动仪须确保准确的眼球跟踪，因而在使用过程中须注意参与者的头部稳定和环境光线等因素。此外，眼动仪设备通常比较昂贵，价格在几千元到数十万元不等。这个价格差异主要取决于设备的功能、精度、数据处理能力以及厂家的品牌影响等因素。对于一些研究团队来说可能不太容易获取。

二、录像

录像设备是一种用于记录和存储视频内容的设备。在用户分析领域，录像设备被广泛应用于观察和分析用户的行为和互动。它具有捕捉现实场景和用户行为的能力，能够提供重要的数据来源来评估产品、服务和用户体验。

录像设备通常包括一个或多个摄像头或摄像机，用于拍摄用户与产品、界面或环境的互动过程。这些设备可以捕捉到用户的动作、表情、手势和其他行为特征，如图 1-4 所示。通过录像设备拍摄下来的视频可以被研究人员用于后续的分析和评估。

图 1-4　录像

录像设备对于用户分析非常有价值。它可以提供客观的、可回放的用户行为数据，帮助研究人员更好地了解用户在使用产品或服务时的行为模式、需求和反应。通过观察录像，研究人员可以详细地分析用户的交互过程、错误行为、困惑点等，以便改进设计和提供更好的用户体验。

在用户分析中，录像设备可以与其他数据收集方法结合使用，例如问卷调查、眼动追踪、心率监测等，以获取更全面的用户行为数据。同时，录像设备也可以用于评估产品的可用性、界面设计的有效性，以及用户与产品的满意度和情感反应。

三、录屏

录屏软件是一种用于记录计算机或移动设备屏幕上的活动和操作的工具。它能够捕捉屏幕上的图像和音频，并将其保存为视频文件。对于用户分析爱好者来说，录屏软件是一种非常有用的工具，可以帮助他们观察和分析用户在使用应用程序、浏览网页或执行其他任务时的行为。

录屏软件通常具有以下功能：

（一）屏幕捕捉

录屏软件能够准确地捕捉和记录屏幕上的所有活动，包括鼠标点击、键盘输入、界面切换等。这使得用户分析爱好者能够详细了解用户与应用程序或网站的交互过程。

（二）音频录制

一些录屏软件还支持同时录制系统音频或麦克风音频，这对于分析用户的语音交互或听到的声音是很有帮助的，并且可以提供更全面的用户体验数据。

（三）视频编辑

许多录屏软件提供视频编辑功能，允许用户对录制的视频进行剪辑、添加注释或标记，并进行其他编辑操作。这使得用户分析爱好者可以更好地组织和呈现他们的研究结果。

（四）分析工具

一些高级的录屏软件还提供分析工具，例如生成热点图、点击热区和用户路径分析等。这些工具可以帮助用户分析爱好者更好地了解用户的行为模式和注意力焦点。

我常用的录屏软件是 Camtasia ，功能强大，如图 1-5 所示。

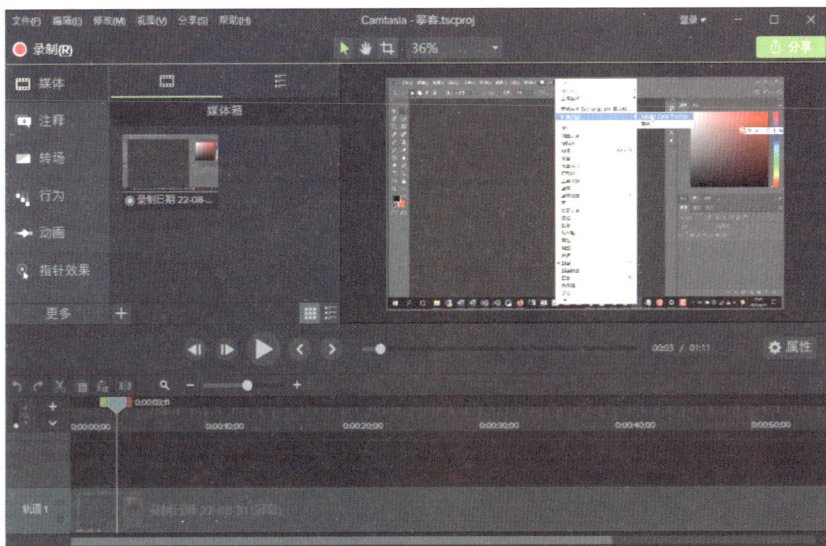

图 1-5　Camtasia　操作界面

录屏软件在用户分析中具有广泛的应用。它可以帮助用户分析爱好者观察用户在使用应用程序或浏览网站时的行为、反应和困惑点。通过观察和分析录屏视频，用户分析爱好者可以发现用户的使用习惯、界面问题和改进建议，从而优化产品设计和提供更好的用户体验。

四、记录鼠标轨迹

这是运行在电脑上的一款可以记录鼠标运动轨迹和点击的小软件：IOGraph。IOGraph 是由莫斯科的设计师 Anatoly Zenkov 和 Andrey Shipilov 合作开发的一个小程序，主要用于记录他们在设计作品时鼠标在 Photoshop 的工作轨迹。当然，我们也可以用 IOGraph 来进行用户体验研究。

　　IOGraph 安装包只有 400 多 kB，它可以设置是否进行鼠标点击统计、背景实时显示以及多显示器的支持，并且可以随时暂定和恢复使用。它工作 3 小时后占用的内存仅相当于多开了一个 QQ。最后你可以把 IOGraph 记录的一切生成一张 PIN 格式的图片以供研究人员分析使用。如图 1-6 所示。

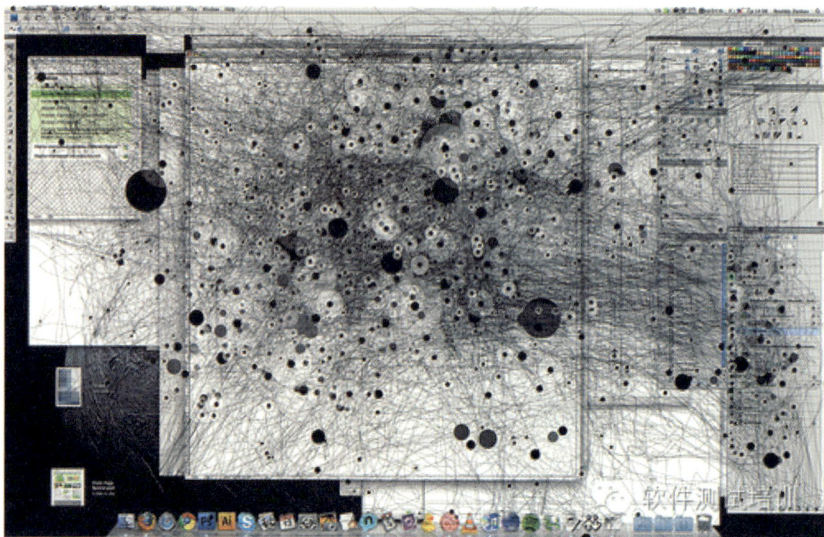

图 1-6　IOGraph 轨迹图

第三节　无感研究

下面这些研究方法，用户是感知不到的，非专业分析人员也可以使用。

一、前端埋点

　　网页前端埋点是一种用户分析技术，用于跟踪和记录用户在网页上的行为和交互。通过在网页中嵌入特定的代码，网页前端埋点可以捕捉用户的点击、滚动、表单提交和其他行为，从而收集有关用户行为的数据。这些数据对于用户分析和优化网页体验非常有价值。

网页前端埋点通常使用 JavaScript 代码来实现。在网页的特定位置或关键元素上添加埋点代码，当用户进行相应的交互时，该代码会触发并将相关数据发送到分析工具或服务器进行记录和分析。埋点示例代码如图 1-7 所示。

```javascript
// 在需要进行埋点的元素上添加一个唯一的标识符或类名
const element = document.getElementById('button');

// 添加点击事件监听器
element.addEventListener('click', function() {
  // 埋点代码，将相关数据发送到分析工具或服务器
  // 可以在此处添加自定义的埋点逻辑和数据收集
  // 例如，发送事件名称、时间戳、页面URL等信息
  analytics.track('buttonClicked', {
    timestamp: Date.now(),
    page: window.location.href,
    // 其他自定义属性
  });
});
```

图 1-7　埋点示例代码

网页前端埋点可以提供以下类型的数据：

（一）点击行为

埋点可以追踪用户的点击操作，包括按钮、链接、菜单等元素的点击。这些数据可以帮助分析用户对特定功能或内容的兴趣和偏好。

（二）页面浏览

埋点可以记录用户访问的页面和浏览路径。这对于了解用户在网站上的导航和浏览习惯很有帮助。

（三）表单交互

埋点可以捕捉用户在表单中的输入、选择和提交操作。这对于分析用户填写表单的行为、验证表单设计的有效性以及改进用户体验非常有用。

（四）滚动行为

埋点可以跟踪用户在网页上的滚动行为，包括滚动的位置和滚动的深度。这可以帮助了解用户对网页内容的关注程度和阅读模式。

（五）错误和异常情况

埋点可以捕捉用户在网页上遇到的错误、警告和异常情况。这对于分析和改进网页的可用性和稳定性非常重要。

通过分析网页埋点数据，用户分析爱好者可以深入了解用户的行为模式、需求和痛点。这可以帮助优化网页设计、改进用户体验和提高转化率。

二、模拟鼠标移动

模拟鼠标移动是一种用户行为模拟技术，用于在用户分析中模拟和重现用户的鼠标移动轨迹。通过模拟鼠标移动，用户分析爱好者可以更好地理解用户在网站或应用程序中的交互方式和行为模式。

以下是模拟鼠标移动的详细解释和相关信息：

（一）生成虚拟鼠标移动

模拟鼠标移动技术通过使用代码或工具模拟生成虚拟的鼠标移动轨迹。这些轨迹可以基于真实用户的历史数据，也可以是根据特定的算法和规则生成的。

（二）重现用户行为

通过模拟鼠标移动，用户分析爱好者可以重现用户在网站或应用程序中的鼠标移动过程。这可以帮助他们观察用户在页面上的焦点、兴趣点和注意力分布，从而更好地了解用户的浏览模式和行为路径。

（三）交互模式分析

模拟鼠标移动可以揭示用户与界面的交互模式。用户分析爱好者可以观察用户的鼠标移动速度、停留时间、点击位置等信息，以推断用户对特定元素的兴趣和关注度。

（四）用户体验评估

通过模拟鼠标移动并结合其他用户行为数据，用户分析爱好者可以评估用户在网站或应用程序中的用户体验。他们可以识别页面上的瓶颈、用户困惑或障碍，并提出优化建议以改善用户体验。

这类工具非常多，比如 Crazy Egg、Hotjar、Mouseflow（图 1-8）等。

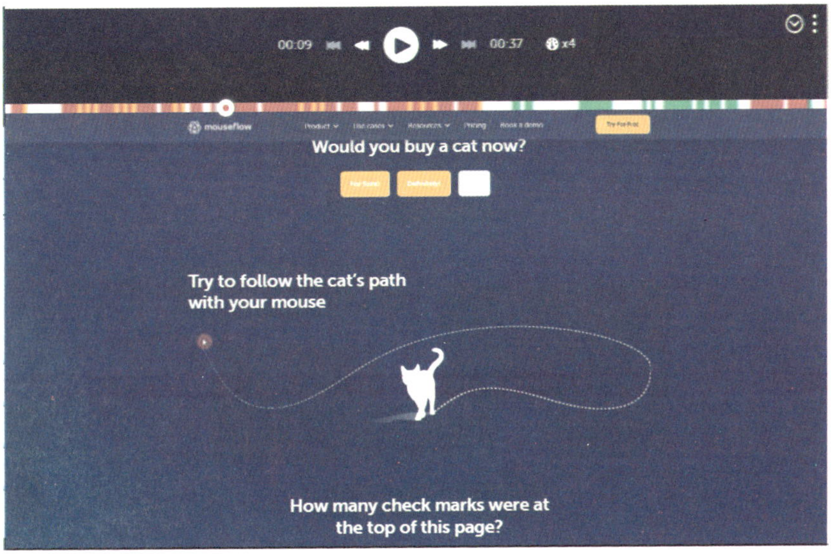

图 1-8　Mouseflow 模拟鼠标移动

需要注意的是，模拟鼠标移动是一种近似的模拟技术，不能完全代表真实用户的行为。它仅提供了对用户行为的一种估计和近似，因此用户分析爱好者在使用时，需要谨慎解读和结合其他数据进行综合分析。

第四节　优缺点分析

一、优点

第一，眼动仪在传统用品上的优势是无人可以替代的，比如汽车驾驶盘、家电操纵按钮等。

第二，录像、录屏、模拟鼠标可以看到复杂页面的切换。

第三，前端埋点针对具体标签，更精准。

二、缺点

第一，眼动仪需要有专业的设备，而且价格昂贵，分析也需要专门的软件。录像也需要专用设备，录屏需要专用软件。

第二，录像、录屏、模拟鼠标移动都需要长时间地观看，增加了分析的难度。

第三，前端埋点需要订制，不够通用。

第二章

用户轨迹图示

用户轨迹在电脑端是基于鼠标轨迹，在移动端是基于手指轨迹，适用于 H5 网页，也适用于任何支持 H5 的 APP、小程序。其优点是无感研究，方便短时间分析、价格适中、通用性强，适合专业和非专业人士使用。

本章将重点介绍 11 种基于用户轨迹的图示，包括独立轨迹图、合并热力图、屏测图、来源效果报告、挽留热力图、细节对比图、流向热力图、模拟移动、实时轨迹、独立调查浏览器、原始数据。这是用户轨迹系统生成的结果，也是我们分析的基础。

第一节　独立轨迹图——研究个体用户行为

独立轨迹图是记录一个用户在单个页面上的行为，是我们分析个体用户行为的主要图形。由于很多虚假流量都没有轨迹或者轨迹异常，因此独立轨迹图也经常用来分析识别虚假流量，以提高广告投放的效率。

和市面上大多数的展示鼠标移动录像的做法不同，独立轨迹图最大的特点就是节约分析时间。在实际分析中，只有少数用户行为是有问题的，但如果从几百个正常访问的用户中找到这些异常的行为，使用录像需要花费几个小时，将是一种难度极高的挑战。而使用独立轨迹图只需要十几分钟。

独立轨迹图包括底图、轨迹元素、可选的用户数据。

一、用户轨迹图解析

在独立轨迹图上，用不同元素代表不同的用户行为。如表 2-1 所示。

表 2-1　用户轨迹图细节解析

名称	说明	示意图
起点	一个圆圈，记录轨迹的起始位置	
终点	一个实心圆，记录轨迹的终点位置	
移动	红色的线及箭头，指向轨迹的移动方向	
点击	一个蓝色的点，记录点击位置	

续表

名称	说明	示意图
停留	绿色的方框，记录停留秒数。以 30 秒为标准，停留时间越长，方框越大	
不连贯移动	虚线连接，用户可能进行了页面切换，或者快速移动，或者在移动端上点状移动	
文字选择	多个蓝色的点，记录选择文字状态	
缩放页面	紫色的线，在移动端，缩放页面形成的标记	

　　独立轨迹图是非常重要且基础性的图示，它可以解决所有网页存在的问题。后面虽然有其他图示，只是在限定范围内效率上有提升，但适应性没有独立轨迹图强。

　　按设备端不同，独立轨迹图可分为电脑端轨迹图和移动端轨迹图。

二、电脑端轨迹图

　　电脑端使用鼠标移动轨迹形成图片，整个用户访问过程一目了然。

　　在图 2-1 中用户选择了城市、入住时间，输入了酒店位置，然后稍微犹豫了一下，点击了酒店查询按钮，离开了这个页面。

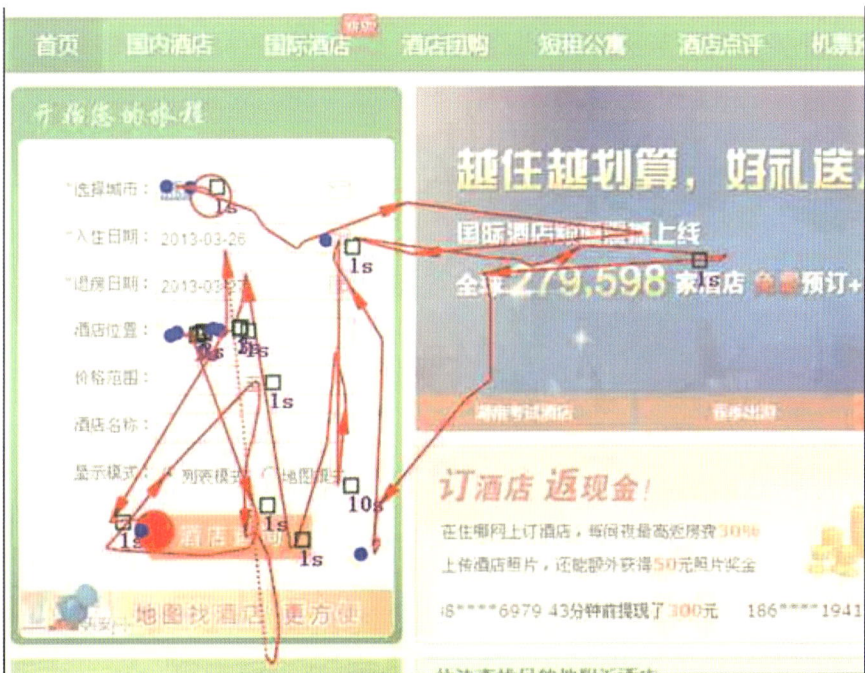

图 2-1　电脑端轨迹图

三、移动端轨迹图

虽然在移动设备上没有了鼠标，但还有手指，我们把手指移动过的线连接起来，也一样可以获得用户访问的轨迹图。

在图 2-2 中，用户缓慢地移动鼠标，阅读文字，并且手指头是从右下往左上滚动屏幕，看了几屏内容后，便直接退出了。

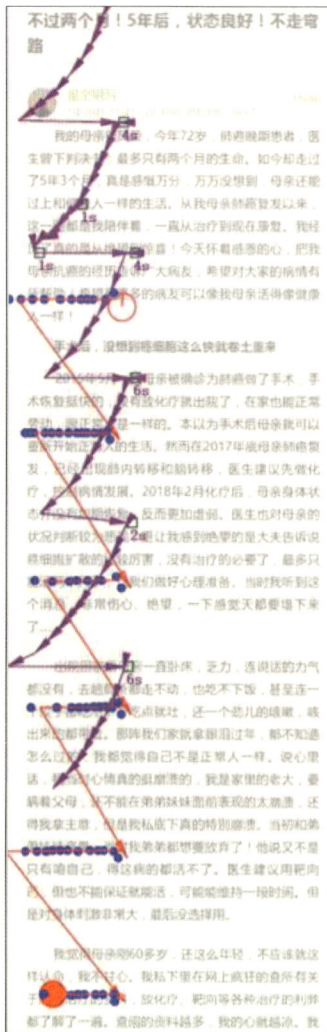

图 2-2　移动端轨迹图

四、用户数据

在图的下部还有用户的基本数据，和传统统计网站一样，包括 ID、访问页数、关键词、访问次数、IP 地址、屏幕大小、操作系统、浏览器、颜色数、用户开始时间、用户结束时间、停留时间、页面开始时间、页面结束时间、页面暂停时间、地区、页面地址、备注、用户来源、页面来源，如图 2-3 所示。

SID / PID	205570 / 353329
设备	电脑端
访问页数	6
来源关键词	
访问次数	1
IP地址	111.207...
屏幕大小	360*800
操作系统	Android 10
浏览器	Microsoft Edge 120.0.0.0
颜色数	24
用户开始时间	2024/2/22 12:44:39
用户结束时间	2024/2/22 12:57:46
用户停留时间	13分7秒
页面开始时间	2024/2/22 12:46:47
页面结束时间	2024/2/22 12:46:59
页面停留时间	12秒
地区	北京市
页面地址	ut.truben.com
会话备注	

图 2-3　用户数据

五、不同方式浏览

为了解决不同的问题，方便查看，我们在导出轨迹图时可以按用户访问过程和按页面方式导出，如图 2-4、图 2-5 所示。

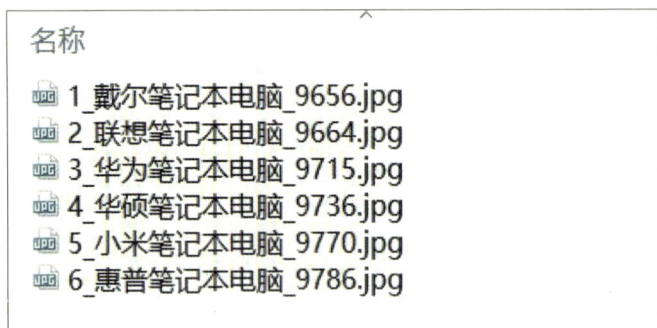

名称

JPG 1_戴尔笔记本电脑_9656.jpg
JPG 2_联想笔记本电脑_9664.jpg
JPG 3_华为笔记本电脑_9715.jpg
JPG 4_华硕笔记本电脑_9736.jpg
JPG 5_小米笔记本电脑_9770.jpg
JPG 6_惠普笔记本电脑_9786.jpg

图 2-4　一个用户完整的访问过程

名称

JPG 1_ThinkPad联想笔记本电脑_9747.jpg
JPG 1_ThinkPad联想笔记本电脑_10375.jpg
JPG 1_ThinkPad联想笔记本电脑_11302.jpg
JPG 1_ThinkPad联想笔记本电脑_11710.jpg
JPG 1_ThinkPad联想笔记本电脑_14526.jpg
JPG 1_ThinkPad联想笔记本电脑_15207.jpg
JPG 1_ThinkPad联想笔记本电脑_15232.jpg

图 2-5　不同用户访问同一个页面

第二节　合并热力图——研究群体用户行为

合并热力图是将很多个体的数据合并生成的一种热力图，用来分析群体行为。图示包括点击热力图、轨迹热力图、停留时间热力图、底图。

一、点击热力图

点击热力图是将所有的点击数据绘制成一张图，在很多分析软件中都有，比如百度统计。它可以发现页面中最受关注的内容。但它的不足之处在于，如果用户对页面不感兴趣直接离开了，那就不会留下任何点击数据，也就没有点击热力图可以用来分析，如图 2-6 所示。

图 2-6　点击热力图

二、轨迹热力图

轨迹热力图是将所有的轨迹移动的数据绘制成一张图。只要用户在页面移动过，就会留下痕迹，对分析页面非常有帮助。和点击热力图稀疏的热点位置相比，轨迹热力图可以让我们清晰地看到热点位置，如图 2-7 所示。

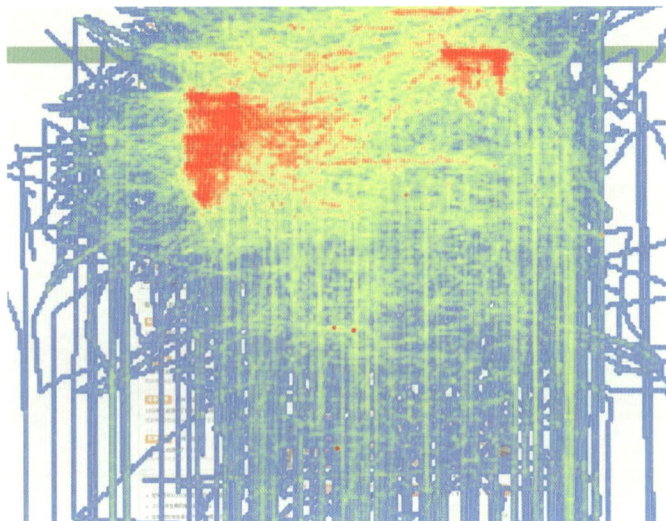

图 2-7　轨迹热力图

三、停留时间热力图

停留时间热力图是将所有的停留时间数据合并形成的一种热力图，用于发现用户关注、犹豫的区域，如图 2-8 所示。

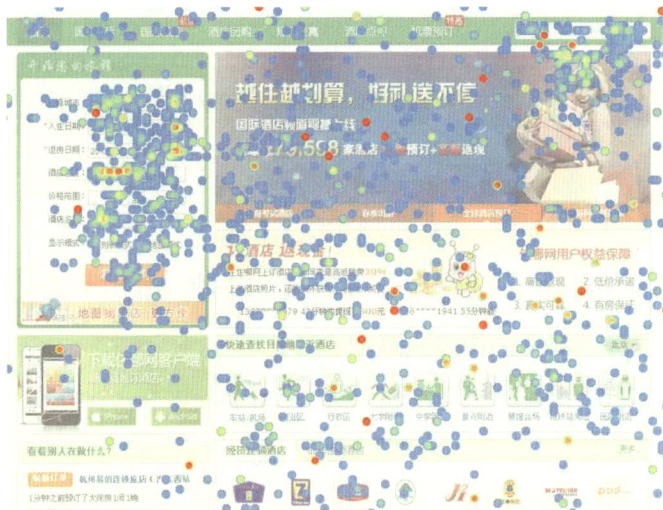

图 2-8　停留时间热力图

四、底图

由于热点区域会遮挡底层页面，导致缺少对应，分析困难。我们增加了一张页面底图，方便对比研究，如图 2-9 所示。

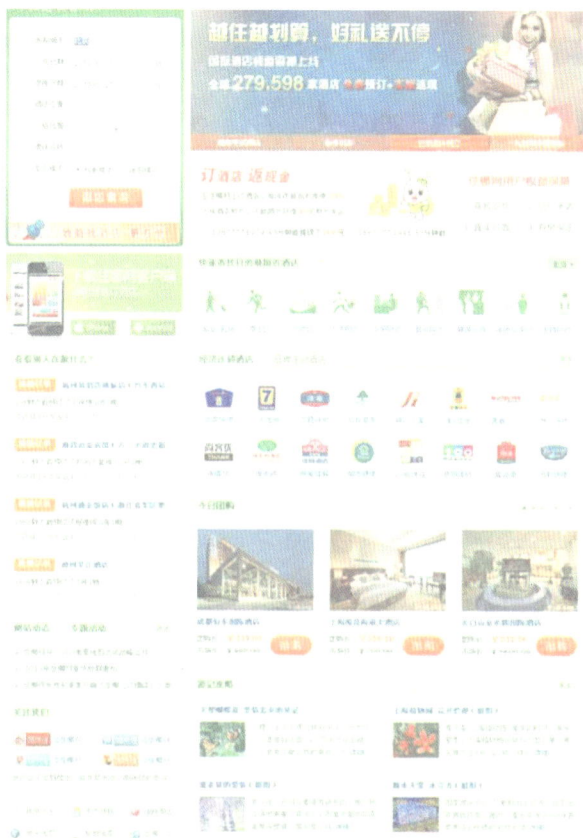

图 2-9 底图

第三节 屏测图——分析页面长度和用户主要活动区域

我们在做页面的时候总是想把页面做得很长，因为只有几屏的内容会显得页面很单薄，但过长的页面也增加了下载的负担。

那么如何确定页面合适的长度呢？ 答案是看你希望有多少用户能看到最

后一屏的内容。如果你是希望 10% 的用户能够看到最后一屏，但现在最后一屏只有 2% 的人看到，显然人数远远低于 10%，这时候我们就需要减少屏数了。如果现在最后一屏有 25% 的人在看，超过了 10%，那么我们就可以再增加几屏的内容了。

现在的问题在于，如何确定 10% 这个比例。之前没有屏测图时，找到这个比例很困难。现在有了屏测图，我们只需要看左侧的百分比数据就可以获得准确的比例。

屏测图是以页面滚动高度为基础的热力图。

一、完整图示

屏测图包括底图、左侧用户到达率、右侧用户活动率。完整屏测图如图 2-10 所示。

图 2-10　完整屏测图

二、左侧用户到达率

如图 2-11 所示，首屏访问人数最多，第 2 名是首屏往下滚动一格的距离。从第二屏开始，只有 5% 的人访问。所以这个页面不能再长了，再长就没有人看了。

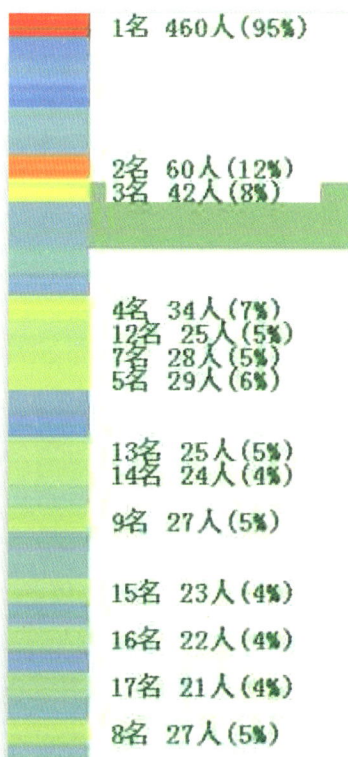

图 2-11　左侧用户到达率

三、右侧用户活动率

如图 2-12 所示，首屏仍然是主要的活动区域，但第 2、第 3、第 4 名的位置和左侧不同。

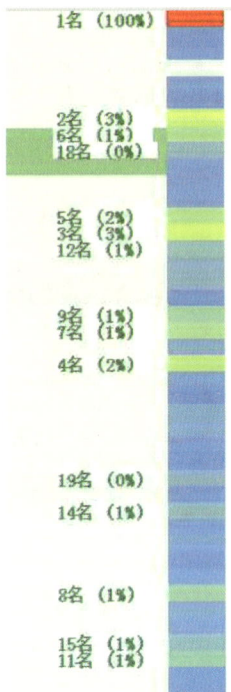

图 2-12　右侧用户活动率

　　我们将右侧色彩条对应屏幕的顶端，那当前看到的一个屏幕就是该色彩条的对应屏幕，在这一屏中的部分内容还是受用户欢迎的，如图 2-13 所示。

图 2-13　当前完整的一屏

第四节　来源效果报告——分析广告效果

来源效果报告是显示不同来源的用户在不同时间段的轨迹信息，用于分析广告效果。原理是这样的，我们认为一个页面越受欢迎，用户在这个页面停留的时间越长，留下的轨迹信息越多；反之则越少。通过判断不同来源用户留下的轨迹时间长度，从而判断出这个来源用户质量。

一、完整图示

来源效果报告分三部分：列表区、控制区、报告区，如图2-14所示。

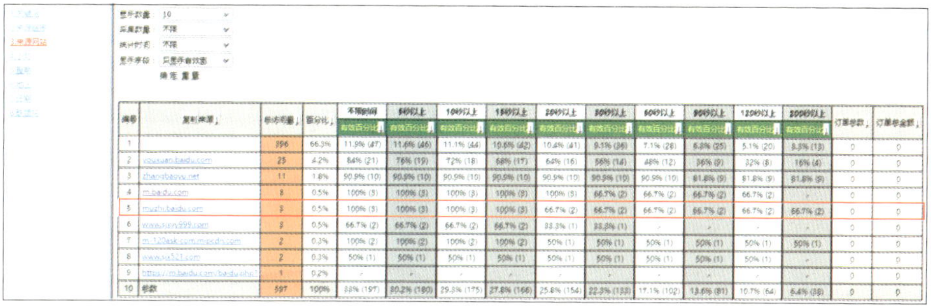

图2-14　来源效果报告

二、列表区

列表区包括不同的来源类别：1.关键词；2.来源链接；3.来源网站；4.小时；5.星期；6.地区；7.日期；8.联盟站。

三、控制区

控制区是为了让报告显示得更方便查看，如图2-15所示。

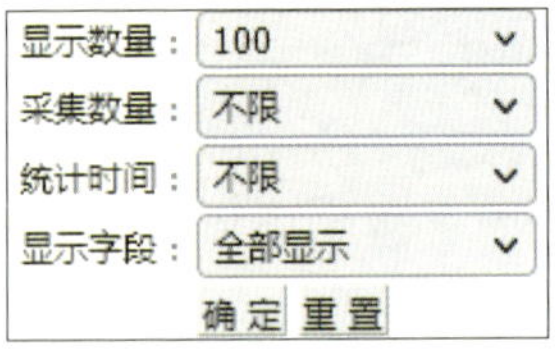

图 2–15　控制区

四、报告区

报告区显示具体的结果，字段包括来源、访问量、访问占比、时间段、有效百分比和无效百分比，如图 2–16 所示。

编号	复制来源↓	总访问量↓	百分比↓	不限时间	5秒以上	10秒以上	15秒以上	20秒以上	30秒以上	60秒以上	90秒以上	120秒以上	200秒以上	订单总数↓	订单总金额↓
				有效百分比	有效百分比	有效百分比	有效百分比	有效百分比	有效百分比	有效百分比	有效百分比	有效百分比	有效百分比		
1		396	66.3%	11.9% (47)	11.6% (46)	11.1% (44)	10.6% (42)	10.4% (41)	9.1% (36)	7.1% (28)	6.3% (25)	5.1% (20)	3.3% (13)	0	0
2	youxuan.baidu.com	25	4.2%	84% (21)	76% (19)	72% (18)	68% (17)	64% (16)	56% (14)	48% (12)	36% (9)	32% (8)	16% (4)	0	0
3	zhangbaoyu.net	11	1.8%	90.9% (10)	90.9% (10)	90.9% (10)	90.9% (10)	90.9% (10)	90.9% (10)	90.9% (10)	81.8% (9)	81.8% (9)	81.8% (9)	0	0
4	m.baidu.com	3	0.5%	100% (3)	100% (3)	100% (3)	100% (3)	100% (3)	66.7% (2)	66.7% (2)	66.7% (2)	66.7% (2)	-	0	0
5	muzhi.baidu.com	3	0.5%	100% (3)	100% (3)	100% (3)	100% (3)	66.7% (2)	66.7% (2)	66.7% (2)	66.7% (2)	66.7% (2)	66.7% (2)	0	0
6	www.sjxyy999.com	3	0.5%	66.7% (2)	66.7% (2)	66.7% (2)	66.7% (2)	33.3% (1)	33.3% (1)	-	-	-	-	0	0
7	m-120ask-com.mipcdn.com	2	0.3%	100% (2)	100% (2)	100% (2)	100% (2)	50% (1)	50% (1)	50% (1)	50% (1)	50% (1)	50% (1)	0	0
8	www.sjx521.com	2	0.3%	50% (1)	50% (1)	50% (1)	50% (1)	50% (1)	50% (1)	50% (1)	50% (1)	50% (1)	-	0	0
9	https://m.baidu.com/baidu.php?	1	0.2%	-	-	-	-	-	-	-	-	-	-	0	0
10	总数	597	100%	33% (197)	30.2% (180)	29.3% (175)	27.8% (166)	25.8% (154)	22.3% (133)	17.1% (102)	13.6% (81)	10.7% (64)	6.4% (38)	0	0

图 2–16　来源效果报告

轨迹百分比包括有效百分比和无效百分比，这 2 个是互补的，可以通过设置只显示一个。显示 2 个的主要目的是在沟通时更方便地获得数值，不需要再计算，也方便排序。

在查看来源效果报告时，主要看不限时间及更多时间的百分比变化情况。如图 2–17 所示，第 2 名不限时间时是 90.9% 的有效率，第 1 名是 84%。但在 90 秒以上时，第 1 名只剩下 36% 的有效率，第 2 名仍然有 81.8%。显然第 2 名下降幅度较小，zhangbaoyu.net 来源的用户质量更高。

编号	复制来源↓	总访问量↓	百分比↓	不限时间	
				有效百分比	无效百分比
2	youxuan.baidu.com	25	4.2%	84% (21)	16% (4)
3	zhangbaoyu.net	11	1.8%	90.9% (10)	9.1% (1)

90秒以上	
有效百分比	无效百分比
36% (9)	64% (16)
81.8% (9)	18.2% (2)

图 2–17　发现高质量的网站

第五节 挽留热力图——分析用户离开的原因

挽留热力图是从合并热力图中分出来的图示，显示群体用户离开时的状态，用于分析用户离开的原因。

在没有挽留热力图时，我们想知道用户为什么离开只能靠猜。现在虽然还不能准确地知道用户为什么离开，但我们寻找的范围集中在用户离开的那一屏幕，我们分析就有了方向。这个算法在 2015 年获得了发明专利，专利号：ZL 2012 1 0177129.0。

挽留热力图包括点击挽留热力图、轨迹挽留热力图、停留挽留热力图、综合挽留热力图。

对于设计达标的网页，用户离开方式应该和设计时一样。比如首页，理想的用户离开方式应该是通过导航、搜索、登录，进入二级页面。内容页，理想的用户离开方式应该是在页面底部，用户都看完了所有的内容才离开。

对于设计不达标的网页，用户离开方式也非常有规律，就是在你不希望的那一屏以轨迹的方式离开。比如专题页，你希望用户看到页面底部，但用户在看完第一屏就通过轨迹的方式离开了。

一、点击挽留热力图

点击挽留热力图是把用户离开前最后一个点击的位置收集起来绘制的热力图。通常都是页面切换的位置，比如导航、搜索、登录等。

在图 2-18 页面上，用户是从 3 个地方离开的，这些都是我们希望的离开方式。

图 2-18　点击挽留热力图——理想的离开方式

图 2-19 这个页面，用户通过点击离开，非常分散，说明用户不喜欢这个页面。

图 2-19　点击挽留热力图——不理想的离开方式

二、轨迹挽留热力图

轨迹挽留热力图是从用户离开的位置往上数一节，获得之前大概的位置，然后绘制出来的热力图。

在图 2-20 中，只有少量的轨迹在首屏离开，说明这个页面设计达标。

图 2-20　轨迹挽留热力图——理想的离开方式

在图 2-21 中，用户轨迹离开的数量，远远超过用户点击离开的数量，说明这个页面用户不喜欢。

图 2-21　轨迹挽留热力图——不理想的离开方式

三、停留挽留热力图

停留挽留热力图是根据用户离开前停留时间的位置绘制的热力图，显示用户犹豫的主要区域。下面这幅图只有零散的点，说明用户较少犹豫，如图2-22所示。

图 2-22　停留挽留热力图

四、综合挽留热力图

有时候，我们并不关心用户是怎么离开的，而更关心用户是在哪个区域离开的，那么只需要看综合挽留热力图就可以了。综合挽留热力图是把上述

3 种挽留热力图合并生成的图。

在图 2-23 中，用户离开区域都集中在首屏。

图 2-23 综合挽留热力图

第六节 细节对比图——能够快速发现问题

做数据分析最希望能够快速发现问题，细节对比图就是通过不同区域的对比来发现差异，从而发现问题。

细节对比图是以热力图为基础，通过对比不同区域的各种参数，然后把异常的项目用红色呈现出来。

在图 2-24 中，我们把整个页面使用浏览器的列表和提交按钮区域的列表进行对比。

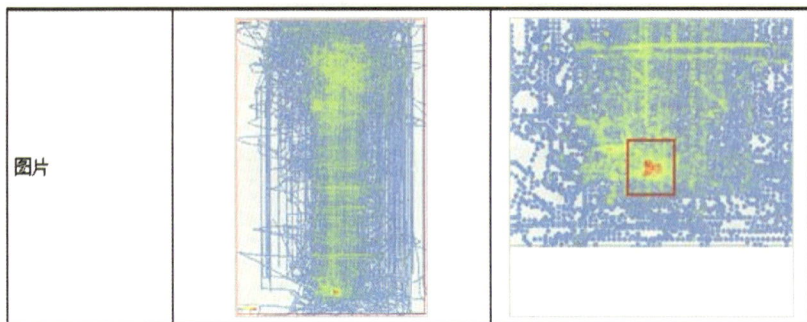

图 2-24　浏览器对比图

我们发现之前排名第一的浏览器 AppleMAC-Safari5.0 在提交区域变成了第三。都有哪些可能的原因导致这种问题出现呢？

第一，使用这个浏览器的人不喜欢提交订单。

第二，使用这个浏览器的人有一部分看不到这个按钮，自然就不会点击了。

第一个原因我们没有能力验证，但第二个原因我们可以测试。通过测试我们发现，提交订单由于是动态生成的，在这个浏览器的旧版本中不兼容。随后，我们调整了代码，再次测试，2 个浏览器列表的顺序就一致了。

通常情况下，浏览器兼容性是很难发现的，因为你无法模拟出用户使用的各个版本的浏览器，而通过对比页面，有异常的区域就自动浮现出来了。

第七节 流向热力图——分析用户移动规律

流向热力图是分析群体用户如何从其他区域到目标区域的。

这个图有什么用呢？举个例子，一个院子有前门和后门，但人们进院子时都是通过后门。如果你是院子的主人，你一定想知道人们不走前门的原因。

为什么想起做这个图呢？来源于我和妻子的两次淘宝购物经历。在一次观察妻子确认收货时，我发现她和我一样，都是到了订单状态页面时，先从首屏浏览到最后一屏，然后又返回来，才找到确认收货的链接，如图2-25所示。

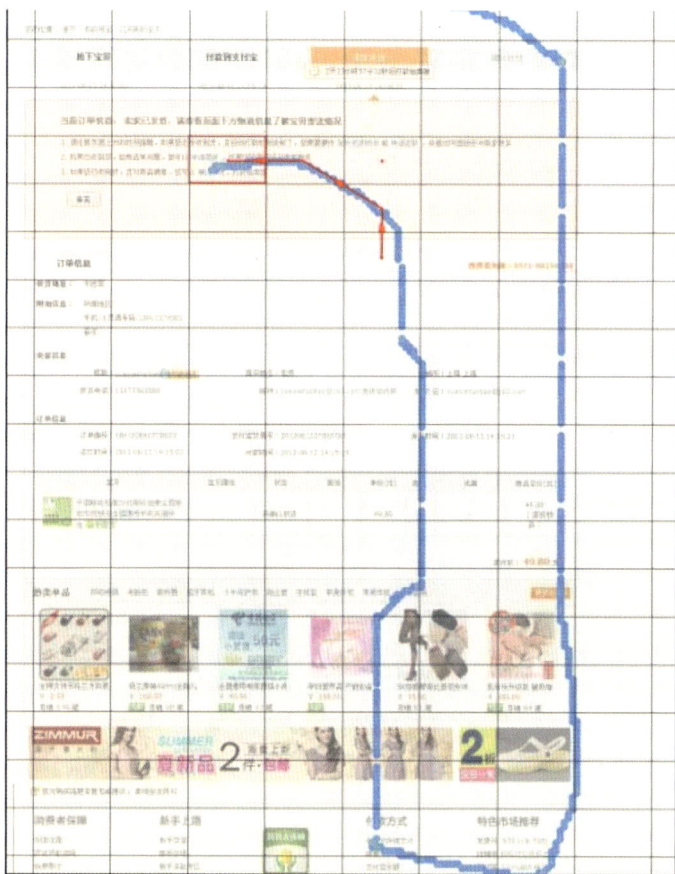

图2-25 淘宝页面流向图

在我印象中，确认收货应该是一个很鲜明的按钮，可当时只是一个普通的链接，很容易就会被忽略过去，如图 2-26 所示。

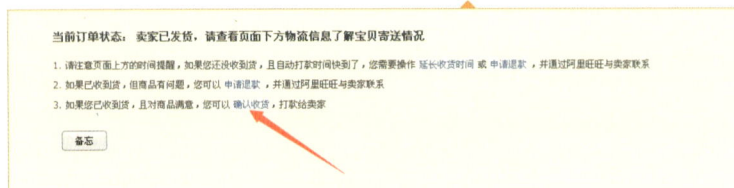

图 2-26 不容易发现的确认收货链接

一、图示说明

流向热力图的底图是轨迹热力图。由于轨迹热力图只有程度的高低，没有方向性，导致我们在分析轨迹来源方向时，只能通过浏览大量的独立轨迹图来判断,非常烦琐。通过将页面分区,判断每个分区中轨迹的上下关联数据，从而判断出方向来源的名次，并用不同的颜色标注，形成流向图。按显示背景分为带热力图的流向图、不带热力图的流向图。

二、带热力图的流向图

通过底部的热力图，可以很容易地确定热点中心，方便设置查询中心，如图 2-27 所示。

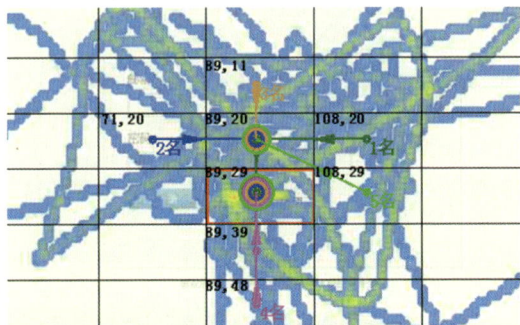

图 2-27 带热力图流向图

三、不带热力图的流向图

去掉了热力图，可以很清晰地看到来源的名次，结合页面，能够发现可能存在的问题，如图 2-28 所示。

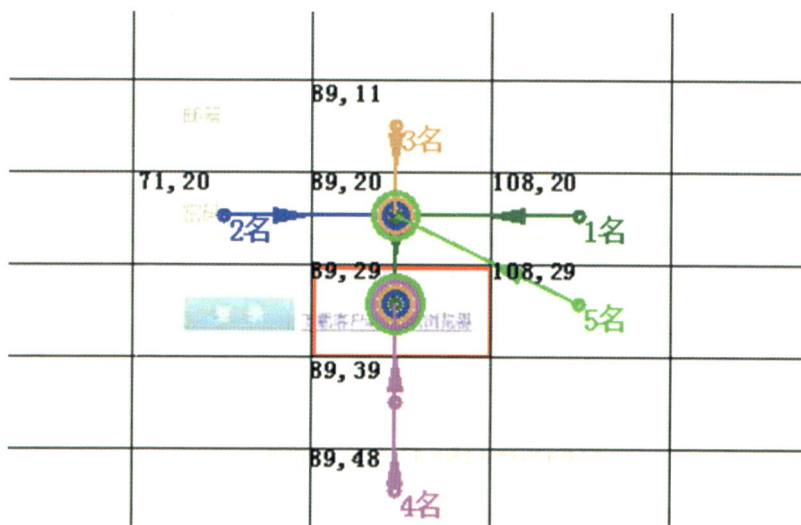

图 2-28　不带热力图流向图

第八节　模拟移动——研究复杂用户行为

模拟移动是分析单个用户在复杂页面上进行的操作。这些复杂页面是指页面采用动态脚本技术，你很难确认这个页面是在当前层点击还是在另外的层点击，比如图 2-29 中红色箭头指示的位置上有一个点击，为什么会出现在这里？

其实这是用户在点击浮动导航上的"成功案例"。所以在这个时候就需要使用模拟鼠标移动来更完整地浏览用户整个行为过程。当然这个操作是非常耗时的，所以通常情况下我们先通过独立轨迹图筛选一遍，对于疑难的页面我们再看模拟鼠标移动，从而节约时间。

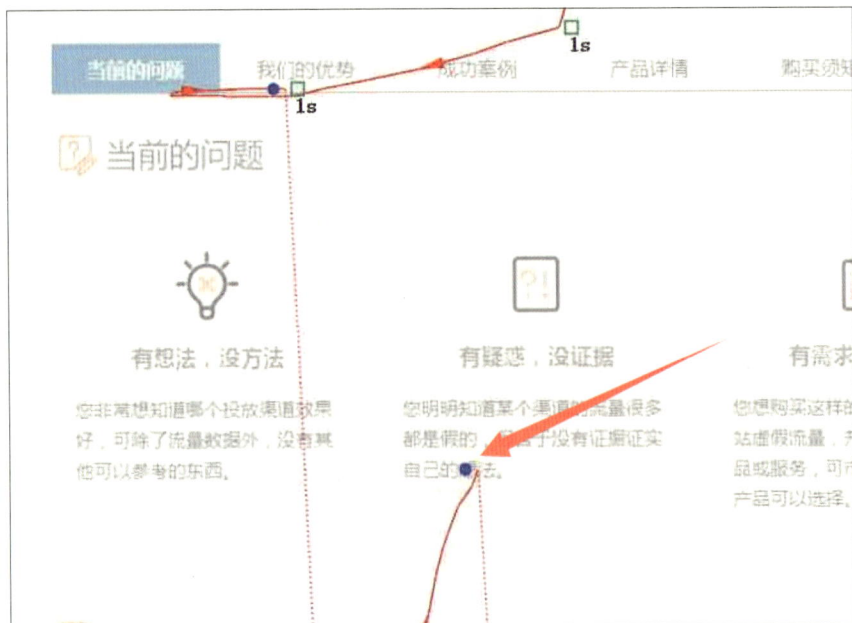

图 2-29　看不明白的图片

和之前介绍的传统模拟鼠标移动不同，这个模拟是在用户行为轨迹图辅助下进行的，也就是说，你随时都可以看到移动前和移动后的轨迹，这样就可以快速跳过简单的部分，直接移动到复杂的部分。而且由于采用程序进行模拟，自由度更大，因此可以直接导出视频文件，方便讲解。

模拟鼠标移动需要用到用户分析平台的一个功能模块。在这个模块里，我们可以看到鼠标的轨迹、真实鼠标的行为，可以轻松切换 2 种状态。

一、轨迹模式

展示区显示当前的轨迹。

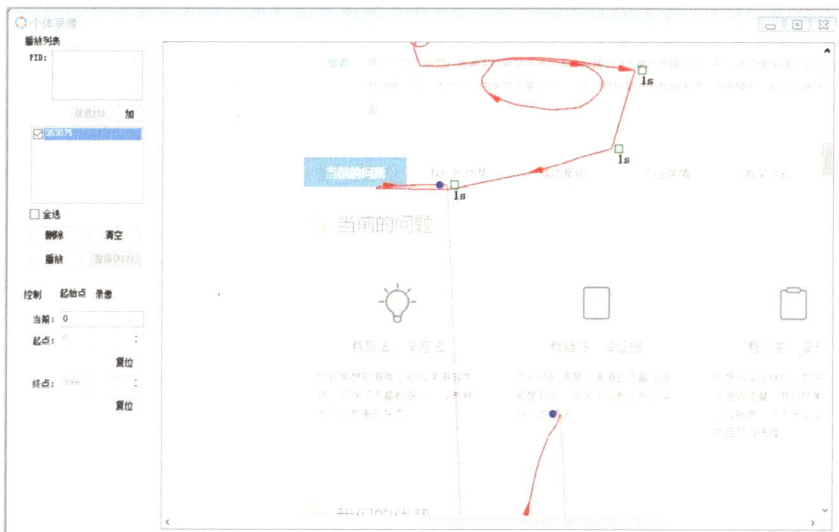

图 2-30　轨迹展示

二、网页模式

展示区显示实际的网页。

图 2-31　网页展示

第九节　实时轨迹——实时分析用户行为

传统的分析都非常滞后，用户都离开了才分析原因。实时轨迹分析就是在用户还在使用过程中就马上获得分析结果。对于中小企业通过电话获得客户非常有帮助，你可以观察到用户对什么感兴趣，从而有重点地介绍产品。

图示

实时动态可以记录长达 20 分钟的用户在线数据，如图 2-32 所示。

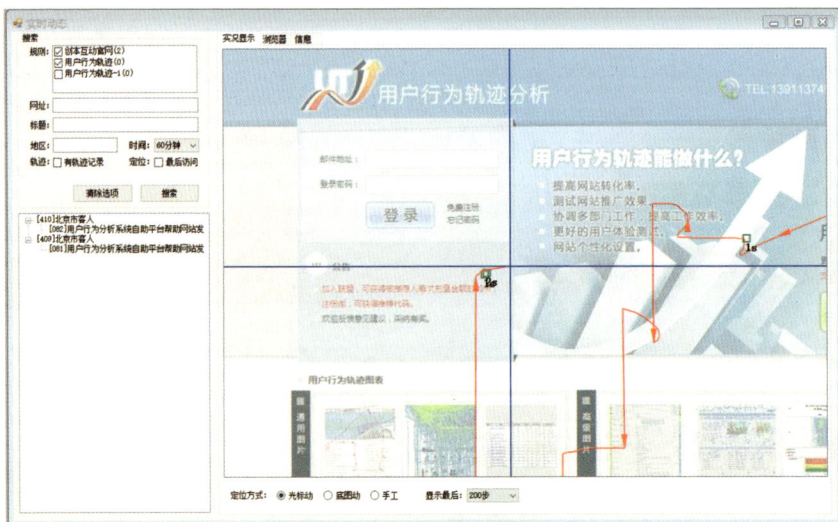

图 2-32　实时动态

第十节　独立调查浏览器——研究全网全流程用户行为

看图 2-33，居然是在百度上做的统计。

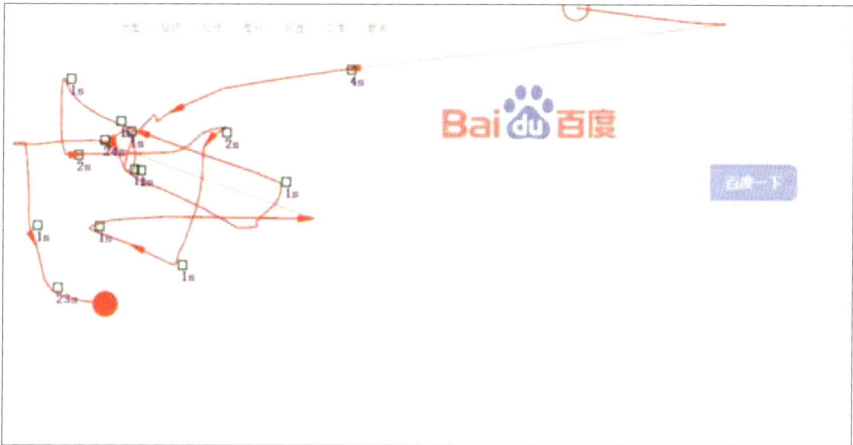

图 2-33　百度首页轨迹

难道百度是我的客户？我还没有那么大的能力服务百度，之所以出现百度的轨迹，是因为我有独立调查浏览器，如图 2-34 所示。

图 2-34　独立调查浏览器

使用这个浏览器访问网站，大部分的时候都可以留下轨迹。可以很方便地记录从信息搜索到内容展示的全部过程，而且由于方便下载，因此适合在互联网上进行快速分发。

第十一节　原始数据——详细的会话和页面数据

和传统统计一样，用户轨迹也有常规的数据。这些数据有助于我们更好地理解用户。

这些数据包括会话数据、页面数据，并放在 Excel 文件中。分析时，可以先通过 Excel 的筛选功能，找出符合要求的会话 ID 或页面 ID，然后复制到生成系统中生成图片。

一、会话数据

如图 2-35 所示。

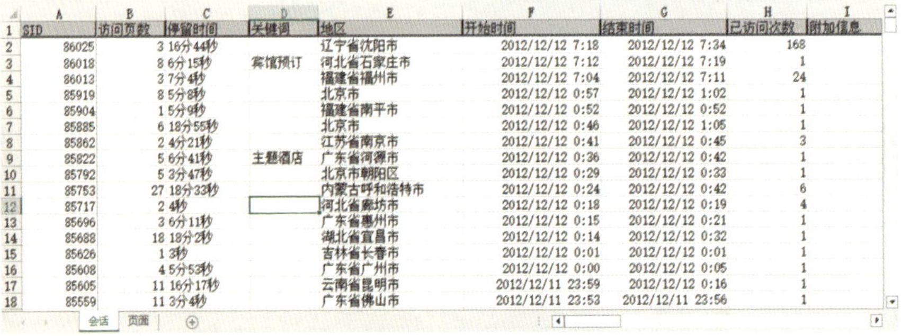

	A	B	C	D	E	F	G	H	I
1	SID	访问页数	停留时间	关键词	地区	开始时间	结束时间	已访问次数	附加信息
2	86025	3	16分44秒		辽宁省沈阳市	2012/12/12 7:18	2012/12/12 7:34	168	
3	86018	8	6分15秒	宾馆预订	河北省石家庄市	2012/12/12 7:12	2012/12/12 7:19	1	
4	86013	3	7分4秒		福建省福州市	2012/12/12 7:04	2012/12/12 7:11	24	
5	85919	8	5分8秒		北京市	2012/12/12 0:57	2012/12/12 1:02	1	
6	85904	1	5分9秒		福建省南平市	2012/12/12 0:52	2012/12/12 0:52	1	
7	85885	6	18分55秒		北京市	2012/12/12 0:46	2012/12/12 1:05	1	
8	85862	2	4分21秒		江苏省南京市	2012/12/12 0:41	2012/12/12 0:45	3	
9	85822	5	6分41秒	主题酒店	广东省河源市	2012/12/12 0:36	2012/12/12 0:42	1	
10	85792	5	3分47秒		北京市朝阳区	2012/12/12 0:29	2012/12/12 0:33	1	
11	85753	27	18分33秒		内蒙古呼和浩特市	2012/12/12 0:24	2012/12/12 0:42	6	
12	85717	2	4秒		河北省廊坊市	2012/12/12 0:18	2012/12/12 0:19	4	
13	85696	3	6分11秒		广东省惠州市	2012/12/12 0:15	2012/12/12 0:21	1	
14	85688	18	18分2秒		湖北省宜昌市	2012/12/12 0:14	2012/12/12 0:32	1	
15	85626	1	3秒		吉林省长春市	2012/12/12 0:01	2012/12/12 0:01	1	
16	85608	4	5分53秒		广东省广州市	2012/12/12 0:00	2012/12/12 0:05	1	
17	85605	11	16分17秒		云南省昆明市	2012/12/11 23:59	2012/12/12 0:16	1	
18	85559	11	3分4秒		广东省佛山市	2012/12/11 23:53	2012/12/11 23:56	1	

会话　页面

图 2-35　会话数据

会话数据包括表 2-2 所示参数：

表 2-2　会话数据说明

编号	名称	说明
1	SID	会话 ID，一个会话 ID 包括多个页面 ID，等同于 UV
2	访问页数	在一个会话中访问了多少页数
3	停留时间	一个会话完整的停留时间
4	关键词	从搜索引擎中来的关键词
5	地区	用户访问地区来源
6	开始时间	会话的开始时间
7	结束时间	会话的结束时间

续表

编号	名称	说明
8	已访问次数	这个用户第几次访问网站
9	附加信息	由自定义函数返回的信息
10	屏幕大小	屏幕分辨率
11	操作系统	使用的哪种操作系统
12	浏览器	使用的浏览器类型
13	颜色数	屏幕颜色数
14	IP 地址	用户访问的 IP 地址
15	转换数量	由自定义函数返回的转换数量，比如订单数量
16	转换价值	由自定义函数返回的转换价值，比如订单总金额
17	来源	用户访问来源页面地址

二、页面数据

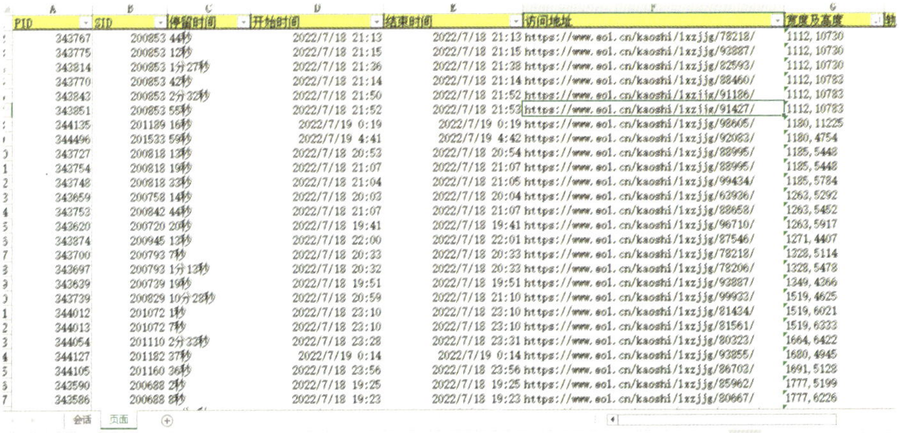

PID	SID	停留时间	开始时间	结束时间	访问地址	宽度及高度
343767	200853	44秒	2022/7/18 21:13	2022/7/18 21:13	https://www.eol.cn/kaoshi/lxzjjg/78218/	1112, 10730
343775	200853	12秒	2022/7/18 21:15	2022/7/18 21:15	https://www.eol.cn/kaoshi/lxzjjg/93887/	1112, 10730
343814	200853	1分27秒	2022/7/18 21:36	2022/7/18 21:38	https://www.eol.cn/kaoshi/lxzjjg/82593/	1112, 10730
343770	200853	42秒	2022/7/18 21:14	2022/7/18 21:14	https://www.eol.cn/kaoshi/lxzjjg/88460/	1112, 10783
343843	200853	2分32秒	2022/7/18 21:50	2022/7/18 21:52	https://www.eol.cn/kaoshi/lxzjjg/91186/	1112, 10783
343851	200853	55秒	2022/7/18 21:52	2022/7/18 21:53	https://www.eol.cn/kaoshi/lxzjjg/91427/	1112, 10783
344135	201189	16秒	2022/7/19 0:19	2022/7/19 0:19	https://www.eol.cn/kaoshi/lxzjjg/98605/	1180, 11225
344496	201533	59秒	2022/7/19 4:41	2022/7/19 4:42	https://www.eol.cn/kaoshi/lxzjjg/92083/	1180, 4754
343727	200818	13秒	2022/7/18 20:53	2022/7/18 20:54	https://www.eol.cn/kaoshi/lxzjjg/88995/	1185, 5448
343754	200818	19秒	2022/7/18 21:07	2022/7/18 21:07	https://www.eol.cn/kaoshi/lxzjjg/88995/	1185, 5448
343748	200818	33秒	2022/7/18 21:04	2022/7/18 21:05	https://www.eol.cn/kaoshi/lxzjjg/99434/	1185, 5784
343659	200758	14秒	2022/7/18 20:03	2022/7/18 20:04	https://www.eol.cn/kaoshi/lxzjjg/63936/	1263, 5292
343753	200842	44秒	2022/7/18 21:07	2022/7/18 21:07	https://www.eol.cn/kaoshi/lxzjjg/88658/	1263, 5452
343620	200720	20秒	2022/7/18 19:41	2022/7/18 19:41	https://www.eol.cn/kaoshi/lxzjjg/96710/	1263, 5917
343874	200945	13秒	2022/7/18 22:00	2022/7/18 22:01	https://www.eol.cn/kaoshi/lxzjjg/87546/	1271, 4407
343700	200793	7秒	2022/7/18 20:33	2022/7/18 20:33	https://www.eol.cn/kaoshi/lxzjjg/78218/	1328, 5114
343697	200793	1分13秒	2022/7/18 20:32	2022/7/18 20:33	https://www.eol.cn/kaoshi/lxzjjg/78206/	1328, 5478
343639	200739	19秒	2022/7/18 19:51	2022/7/18 19:51	https://www.eol.cn/kaoshi/lxzjjg/93887/	1349, 4366
343739	200829	10分28秒	2022/7/18 20:59	2022/7/18 21:10	https://www.eol.cn/kaoshi/lxzjjg/99933/	1519, 4625
344012	201072	1秒	2022/7/18 23:10	2022/7/18 23:10	https://www.eol.cn/kaoshi/lxzjjg/81434/	1519, 6021
344013	201072	7秒	2022/7/18 23:10	2022/7/18 23:10	https://www.eol.cn/kaoshi/lxzjjg/81561/	1519, 6333
344054	201110	2分33秒	2022/7/18 23:28	2022/7/18 23:31	https://www.eol.cn/kaoshi/lxzjjg/80323/	1664, 6422
344127	201182	37秒	2022/7/19 0:14	2022/7/19 0:14	https://www.eol.cn/kaoshi/lxzjjg/93855/	1680, 4945
344105	201160	36秒	2022/7/18 23:56	2022/7/18 23:56	https://www.eol.cn/kaoshi/lxzjjg/86703/	1691, 5128
342590	200688	2秒	2022/7/18 19:25	2022/7/18 19:25	https://www.eol.cn/kaoshi/lxzjjg/85962/	1777, 5199
343586	200688	8秒	2022/7/18 19:23	2022/7/18 19:23	https://www.eol.cn/kaoshi/lxzjjg/80667/	1777, 6226

图 2-36　页面数据

页面数据包括表 2-3 中的参数：

表 2-3　页面数据说明

编号	名称	说明
1	PID	页面 ID
2	SID	会话 ID
3	停留时间	在当前页面的停留时长
4	开始时间	在当前页面的开始时间
5	结束时间	在当前页面的结束时间
6	访问地址	页面地址
7	宽度及高度	页面宽度和高度
8	轨迹数据	轨迹数量值，数量越多，轨迹越多
9	页面来源	访问的页面来源

第三章

用户轨迹可以解决的问题

用户轨迹并不是只能解决这些问题，只是这些问题是我目前能想到的，用户轨迹的潜力无限，需要我们不断地挖掘更多的用处。

第一节　广告效果分析

100 多年前，著名广告大师约翰·沃纳梅克有句名言："我知道我的广告费有 50% 是浪费的，但我不知道是哪一半。"受限于当时的技术条件，确实没有好的办法。在 100 多年后的今天，虽然技术进步了，我们有多种方式来判断广告效果，比如通过转化率判断渠道的广告效果，通过点击率判断广告的效果。但是仍然不尽如人意，比如判断路径过于滞后会影响广告效果的判断。

现在，我们有了鼠标轨迹的帮助，广告效果检测又向前迈了一大步。判断广告效果是通过来源效果报告进行的，可以很轻松地筛选出优质的广告投放渠道。

一、网站来源

我们做的直投广告或者网盟广告，都是以网站域名为渠道的，通过设定网站来源，我们可以轻松发现质量好的网站，如图 3–1 所示。

编号	复制 来源	总访问量	百分比	不限时间		5秒以上		20秒以上	
				有效百分比	无效百分比	有效百分比	无效百分比	有效百分比	无效百分比
1	bbs.eduu.com	28	0.3%	78.6% (22)	21.4% (6)	78.6% (22)	21.4% (6)	71.4% (20)	28.6% (8)
2	www.eku.cc	20	0.2%	70% (14)	30% (6)	55% (11)	45% (9)	40% (8)	60% (12)
3	www.tom61.com	52	0.6%	67.3% (35)	32.7% (17)	50% (26)	50% (26)	23.1% (12)	76.9% (40)
4	www.guaiguai.com	32	0.4%	65.6% (21)	34.4% (11)	56.3% (18)	43.8% (14)	21.9% (7)	78.1% (25)
5	image.baidu.com	42	0.5%	64.3% (27)	35.7% (15)	57.1% (24)	42.9% (18)	33.3% (14)	66.7% (28)
6	www.rrting.com	40	0.5%	62.5% (25)	37.5% (15)	42.5% (17)	57.5% (23)	17.5% (7)	82.5% (33)
7	www.520xy8.com	33	0.4%	60.6% (20)	39.4% (13)	33.3% (11)	66.7% (22)	24.2% (8)	75.8% (25)
8	www.yingyu.com	41	0.5%	51.2% (21)	48.8% (20)	48.8% (20)	51.2% (21)	26.8% (11)	73.2% (30)
9	new.060s.com	20	0.2%	50% (10)	50% (10)	40% (8)	60% (12)	15% (3)	85% (17)
10	www.61baobao.com	29	0.3%	48.3% (14)	51.7% (15)	37.9% (11)	62.1% (18)	31% (9)	69% (20)

图 3–1　通过网站来源筛选好网站

如表 3-1 所示，我们汇总一下：

表 3-1 网站质量对比

网站	不限时间	20 秒以上	质量
bbs.eduu.com	78%	71%	好
www.eku.cc	70%	40%	差

很轻松就把好网站和差网站分辨出来了。

二、时间来源

哪个时间段投放效果更好呢？可以设置按小时来源进行筛选。

我们先看看按 IP 访问量的传统时间段排序，如图 3-2 所示。

编号	复制 来源	总访问量	百分比
1	22	68	10.2%
2	16	56	8.4%
3	21	51	7.7%
4	10	45	6.8%
5	17	42	6.3%
6	12	40	6%
7	11	38	5.7%
8	23	36	5.4%
9	19	36	5.4%
10	09	34	5.1%
11	18	34	5.1%
12	08	29	4.4%
13	20	29	4.4%
14	07	28	4.2%

图 3-2 传统时间 IP 数量排序

排名在前 4 的分别是 22 点、16 点、21 点、10 点。然后我们再以 20 秒以上进行排序，如图 3-3 所示。

编号	复制 来源	总访问量	百分比	不限时间 有效百分比	5秒以上 有效百分比	10秒以上 有效百分比	15秒以上 有效百分比	20秒以上 有效百分比	30秒以上 有效百分比
1	16	56	8.4%	67.9% (38)	66.1% (37)	58.9% (33)	57.1% (32)	57.1% (32)	46.4% (26)
2	18	34	5.1%	73.5% (25)	61.8% (21)	58.8% (20)	52.9% (1)	52.9% (18)	41.2% (14)
3	09	34	5.1%	64.7% (22)	64.7% (22)	58.8% (20)	58.8% (2)	50% (17)	47.1% (16)
4	17	42	6.3%	69% (29)	61.9% (26)	61.9% (26)	52.4 (2)	50% (21)	47.6% (20)
5	10	45	6.8%	62.2% (28)	55.6% (25)	53.3% (24)	51. (23)	46.7% (21)	40% (18)
6	15	20	3%	60% (12)	55% (11)	55% (11)	55% (11)	45% (9)	35% (7)
7	19	36	5.4%	69.4% (25)	63.9% (23)	58.3% (21)	47.2% (17)	44.4% (16)	36.1% (13)
8	12	40	6%	62.5% (25)	52.5% (21)	47.5% (19)	45% (18)	42.5% (17)	35% (14)
9	00	15	2.3%	53.3% (8)	53.3% (8)	53.3% (8)	46.7% (7)	40% (6)	26.7% (4)
10	11	38	5.7%	68.4% (26)	55.3% (21)	44.7% (17)	39.5% (15)	39.5% (15)	39.5% (15)
11	14	18	2.7%	55.6% (10)	50% (9)	38.9% (7)	38.9% (7)	38.9% (7)	38.9% (7)
12	08	29	4.4%	72.4% (21)	69% (20)	55.2% (16)	41.4% (12)	37.9% (11)	37.9% (11)
13	21	51	7.7%	58.8% (30)	52.9% (27)	43.1% (22)	41.2% (21)	37.3% (19)	31.4% (16)
14	22	68	10.2%	58.8% (40)	47.1% (32)	42.6% (29)	36.8% (25)	32.4% (22)	27.9% (19)
15	20	29	4.4%	51.7% (15)	44.8% (13)	37.9% (11)	34.5% (10)	31% (9)	31% (9)
16	23	36	5.4%	55.6% (20)	50% (18)	41.7% (15)	38.9% (14)	30.6% (11)	25% (9)
17	13	19	2.9%	57.9% (11)	57.9% (11)	42.1% (8)	31.6% (6)	26.3% (5)	21.1% (4)

图 3-3　时间来源

在 20 秒以上排序中，我们发现 16 点、18 点、9 点、17 点效果最好，而 13 点、20 点、21 点、22 点、23 点效果最差。对比按 IP 访问量的排序，差异出现了，22 点、21 点访问量下降得很厉害。

这是为什么呢？

这是一家奶粉公司的图表，从时间上看，似乎早餐和晚餐时间段比较明显，而不在这些时间段的就差一些，正好和儿童喂奶时间上匹配。同时，也让我们发现了传统按 IP 流量排序的误导性有多大，想到还有很多企业一直被蒙在鼓里，广告费用被哗哗地浪费，真为他们感到惋惜。

第二节　虚假流量识别

什么是虚假流量呢？就是一些网站本身流量很小，但为了卖广告位，就号称自己的网站流量很大，这些多出来的流量都是分布在全国各地的电脑程序刷出来的。虚假流量不仅仅浪费了广告费，更重要的是会误导网站主，让其无论如何改进都无法获得满意的结果，极大地打击了他们的积极性，从而对网络营销望而却步。这不仅仅是那种小站才会做，很多知名网站都参与其中。

一、初级虚假流量

虚假流量识别也是通过来源效果报告进行的，因为虚假的流量主要是为了对付传统统计工具，比如百度统计、CNZZ，所以它们在访问时长、访问深度、停留时间、设备类型等方面都足够下功夫，但这些措施对于基于鼠标/手指的用户轨迹系统来说简直不堪一击，我们可以清晰地发现虚假的流量。

图 3-4 是我给朋友做的分析报告：

编号	复制 来源↓	总访问量↓	百分比↓	不限时间 无效百分比↓
1	www.████.com/wiki/%E8%82%BA%E	514	81.3%	100% (514)
2	ad1.b████e.com/cmshtdocs/defaul	89	14.1%	98.9% (88)
3	ad1.b████e.com/cmshtdocs/defaul	7	1.1%	100% (7)
4		6	0.9%	83.3% (5)
5	总数	632	100%	98.4% (622)

图 3-4　来源效果报告

数据显示，从某网站来的 514 个 IP 无效率 100%，通俗地说就是流量全是假的。当我告诉这位朋友真实情况后，他怒不可遏。后来，我请他帮我的产品写一份证言：

最初购买某个百科公司的广告，当初是让他们技术给了每日的流量数据，觉得从数据来看值得投放广告。然后我就花了 3 万元签了合同。结果装上网站统计工具后，确实有流量进入，但是没有一个咨询的，然后就觉得被骗了，找朋友求助，用了刘总的鼠标轨迹系统测试到网页浏览网民的鼠标轨迹，结果几乎没有任何的动作，可以 100% 地判定被骗了。他们公司面对这些数据，百般抵赖，无耻到极点，我只能认栽。后来看到一个朋友在他们公司也在投放广告，一年有几十万元的广告费，然后我就告诉朋友，到期后朋友就没有再续费了。鼠标轨迹是能够判断流量真实性的工具，用好了能帮助我们节省几十万元的广告费。

由此可见，虚假流量真的是害人不浅呀！而使用来源效果报告就可以很好地识别出虚假流量。

二、高级虚假流量

如果不是后来出现的一张图，我会一直认为虚假流量都是那种初级的、无轨迹的流量，可以轻轻松松地识别出来。后来出现的一幅图真的颠覆了我的认知。当时，我生成了一个效果追踪报告，某知名网站的来源20秒以上的有效比率都在80%以上，以我之前的经验判断，流量质量非常好呀，然后我生成了独立轨迹图进行用户体验分析。当我看到独立轨迹图时，我惊呆了，如图3-5所示。

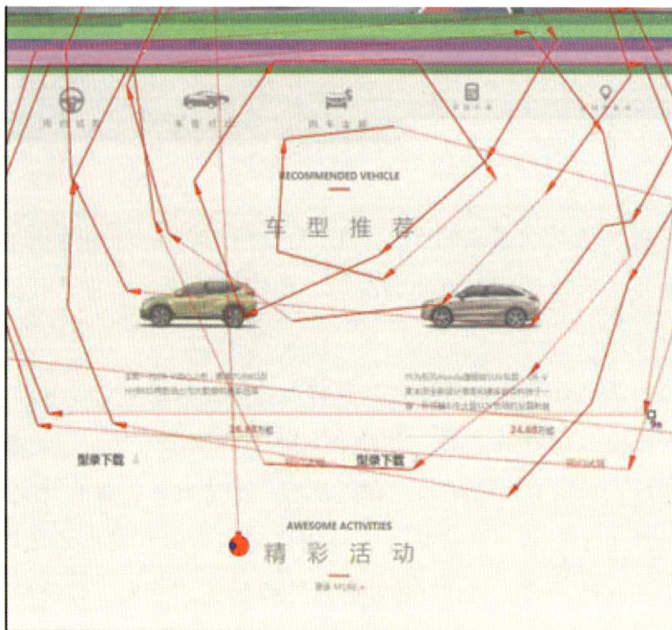

图3-5　伪造的轨迹图

在这张图上，鼠标轨迹呈现同心圆形状，一环扣一环，显然不是用户访问生成的，一定是机器生成的。那为什么它会是这样的形状呢？我分析，现在很多网站为了监控广告的效果，在页面的不同的标签上设置了埋点，当鼠标划过就表示用户访问过。但这个机制也被破解了，制造假流量的人让模拟的鼠标在页面上全部划过，从而触发了页面的机制，让网页分析人员认为用户来过。由此可见，虚假流量也在进化中，要不是生成了轨迹图，真的很难发现。

未来的虚假流量会进化成什么样呢？这不好说，至少到目前为止，效果追踪报告加上独立轨迹图，是我认为的解决广告效果追踪及识别虚假流量的最佳方法。

第三节　用户体验分析

用户轨迹能够基本上反映出用户在网站上的行为，所以用来进行用户体验分析再合适不过了。其主要有 3 个方面：修改错误、增加功能、发现规律。

一、修改错误

有些问题在没有轨迹图时会感觉找起来很困难，但看到轨迹图后马上就知道解决方法了。我们看下面这 2 个例子。

（一）挡住结算按钮

这是我分析过的一个网站，当时网站改版后，转化率没有之前高了，客户挺着急的，也没有头绪。我也是抱着试试的心态来进行分析，因为鼠标轨迹系统才刚刚开发完成。

在采集 1000 多条页面后，我逐个浏览，看到了图 3-6、图 3-7。

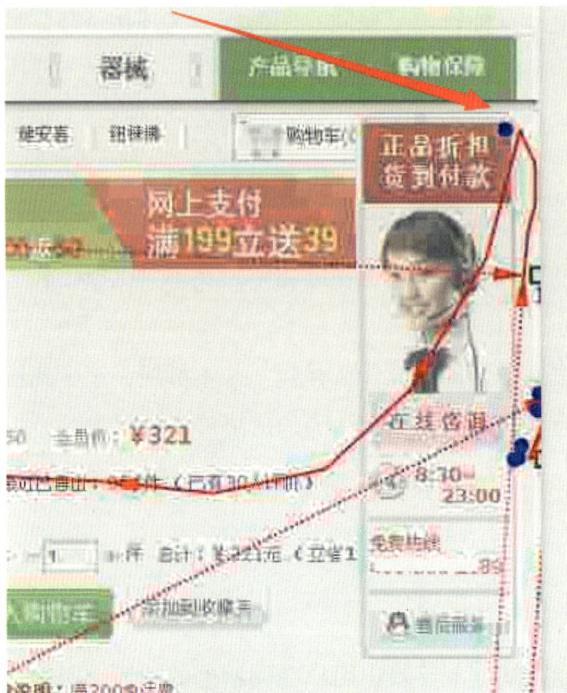

图 3-6　挡住了结算按钮

图 3-7　宽幅图

对比网站，我发现了一个问题，浮动广告挡住了结算按钮。解决这个问题很简单，浮层广告下移 40 个像素就搞定了。

（二）过早地获取报价

销售过程是要讲究流程的，先满足需求，后提供可信度保证，最后才能获取到用户的信息。如果跳过前两步，就获取不到用户的信息。

在给一个客户做分析时，我研究了几百幅用户轨迹图，发现没有用户会点击头部的"获取报价"按钮。因为用户是通过搜索引擎关键词来到页面的，他们着急地想获得答案，根本没有马上获取报价的需求，如图 3-8 所示。

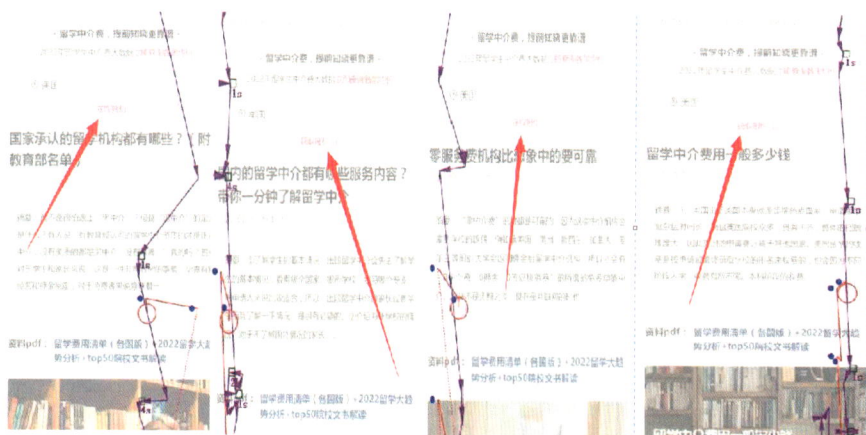

图 3-8　无人点击的获取报价

所以我当时就建议客户把"获取报价"放在底部，至少等用户看完内容再展示。

二、增加功能

我们总是想把网站做得满足用户的需求，但有时候却会导致画蛇添足。这时候我们就可以分析现有的轨迹，从中找到用户可能需要的功能。

（一）浮层减少移动

图 3-9 是用户在找酒店的完整独立轨迹图。

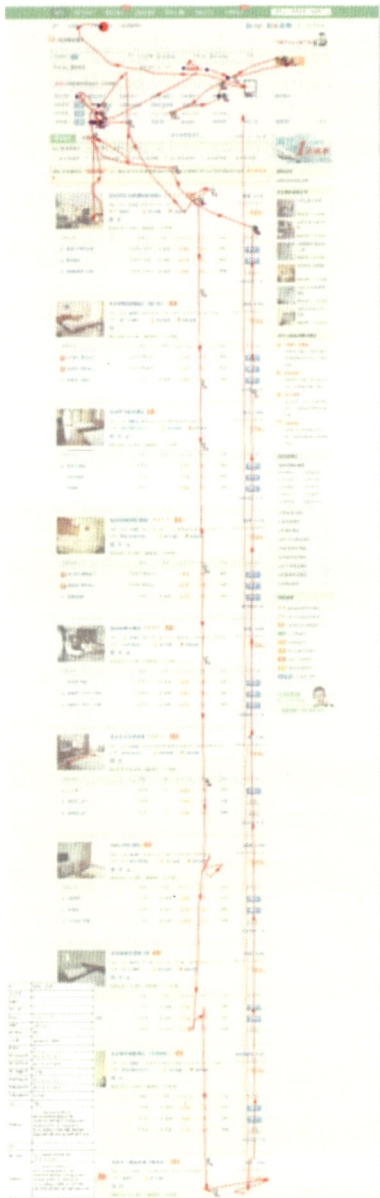

图 3-9　找酒店的独立轨迹图

我们看局部的轨迹可以发现，用户往下浏览的时候，在每个酒店旁边有几秒的停留，用户在看内容。而往上的轨迹是笔直的，没有任何停留，而且滚动了好几屏，如图 3-10 所示。

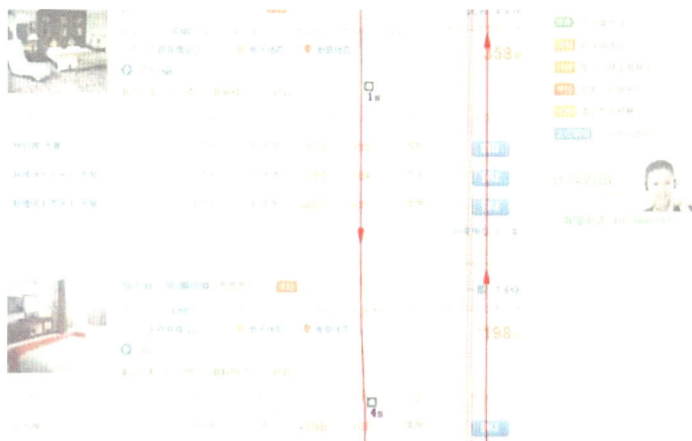

图 3-10　上下浏览的轨迹

用户滚动到头部是做什么呢？他在切换条件，如图 3-11 所示。

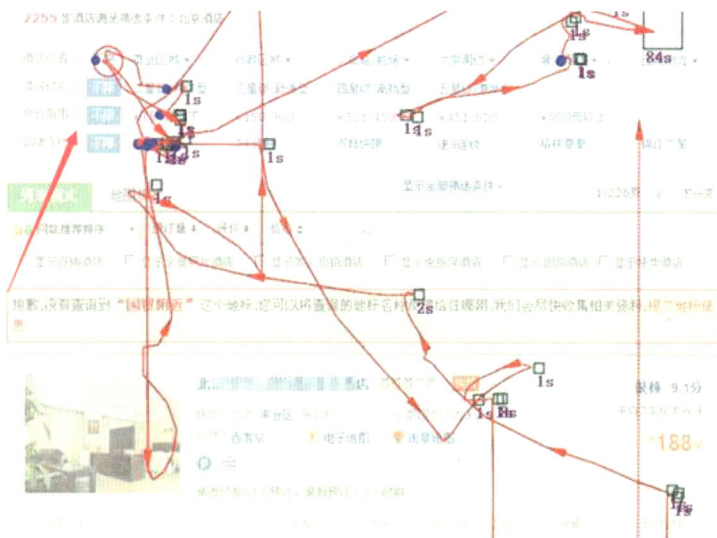

图 3-11　回到头部切换条件

　　这里的问题在于，用户浏览到页面底部，需要长时间滚动滑轮返回头部，非常不方便，如果能够增加一个浮层菜单，那么用户只需要移动不超过一屏，就可以切换条件，这样就方便很多了。这是我给住哪网的一个改进建议，虽然后来也没有被采纳，但我发现很多网站开始这样做了。比如百度和华为，都在页面头部增加了浮层，方便返回，如图 3-12、图 3-13 所示。

图 3-12　百度浮层搜索框

图 3-13　华为浮层菜单

（二）增加详情页面

在分析住哪网时，我发现首页热图有这样一个区域，如图 3-14 所示。

图 3-14　点击热力图区域

我使用细节对比来分析这个区域，获得了更多的数据，如图 3-15 所示。

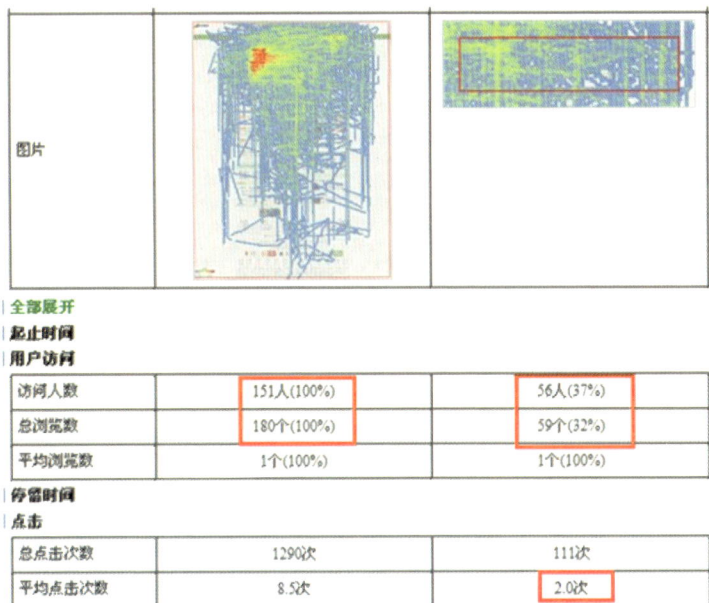

图 3-15　细节对比来分析

这块区域有 56 人访问，占比 37%，被点击了 111 次，平均每个人点击 2 次。这说明很多人想了解更多关于"住酒店、返现金"的政策，可惜这块区域是不能点击的。

改进措施就是，增加一个大的按钮，写着"了解详情"或者"马上参加"，然后引导用户进入一个新页面，显示更多关于返现金的措施。

（三）定制个性化服务

当我们把用户的轨迹和用户连接起来后，我们就可以知道这个用户的喜好，从而为其提供定制化的服务。

比如一个奢侈品网站，当用户登录，把用户名通过 GetSession 函数传递给采集服务器时，我们就可以知道，这是某某的用户轨迹，她最近对什么更感兴趣，她喜欢看图片。那么我们可以针对这类用户做一些网站模板，定制页面。

目前，给用户画像更多是通过容易看到的标签来定义的，比如年龄、地区、收入、爱好等，但这些标签都是外部的，无法实时地反馈出当前用户的状态。而通过用户行为轨迹，我们可以更精确地发现用户的内在期望。

三、低成本用户体验测试

传统的用户体验测试通常是邀请用户来实验室，或者在用户客户端安装录屏软件，结果都需要观看大量的操作视频，导致分析困难。

而使用独立调查浏览器，可以记录用户操作过程中访问到的任何网站的轨迹，可以完美地替代录屏和录像功能，如图3–16、图3–17所示。

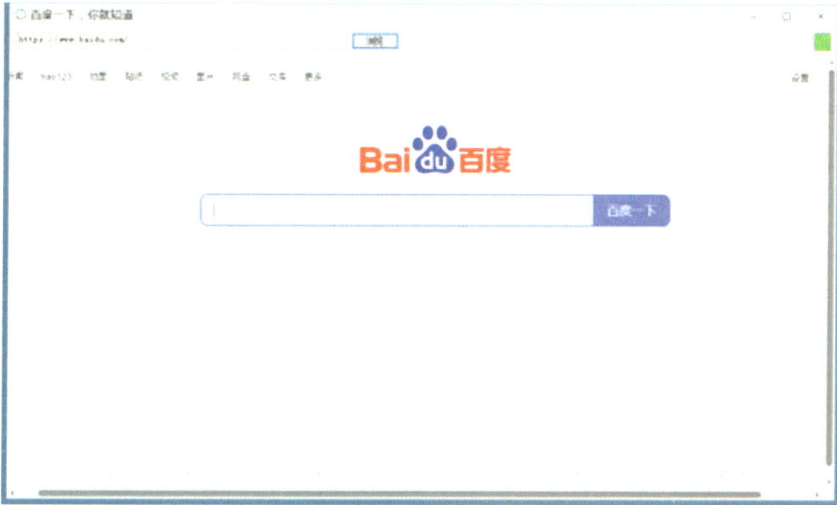

图 3–16　独立调查浏览器

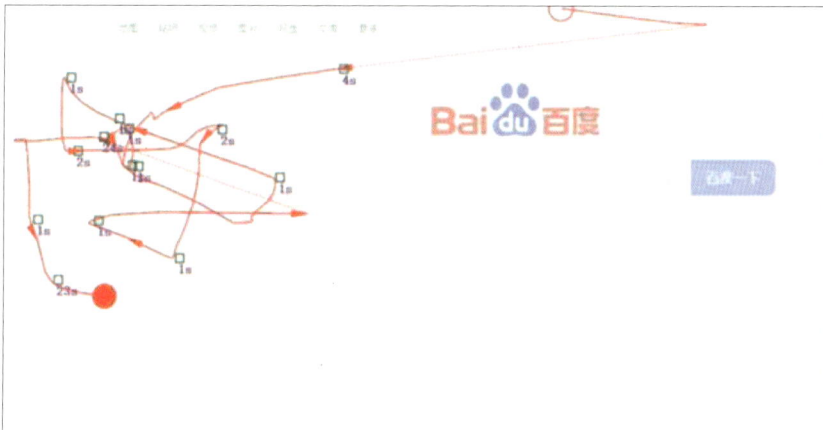

图 3–17　来自百度的轨迹图

四、设置用户分类

传统的用户分类都是按用户身上的属性，比如年龄、性别、收入水平等。而这些属性大都变化极其缓慢，导致用户研究僵化。用户的需求是会根据场景的不同随时变化的，能够实时反映这种变化的就是用户的行为，但很少有人对用户的行为进行分类，因为非常不方便采集。现在有了用户鼠标轨迹，按用户行为分类就变得可行了。

图3-18、图3-19是2个用户的轨迹图。一个用户偏向看文字，一个用户偏向看图片。

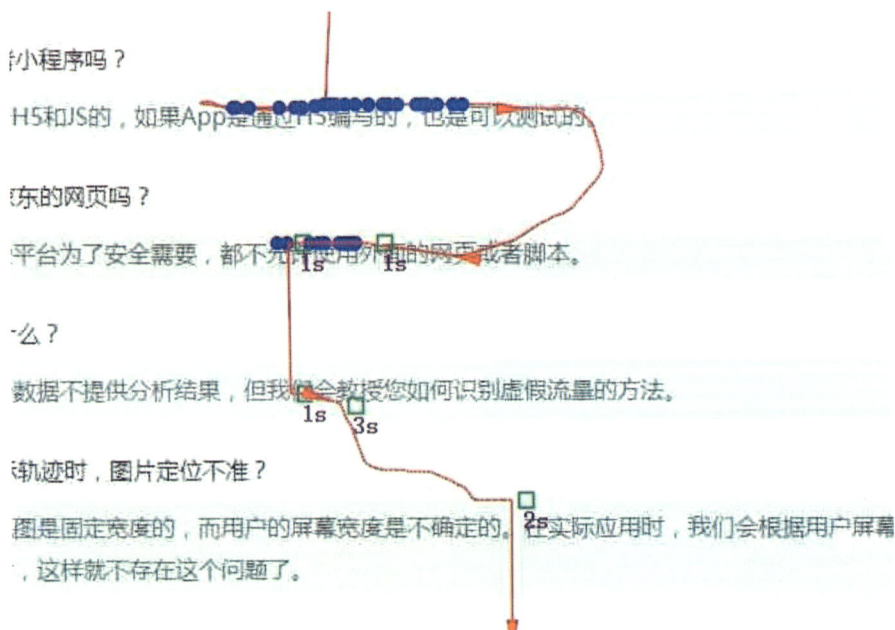

图3-18　看文字的用户

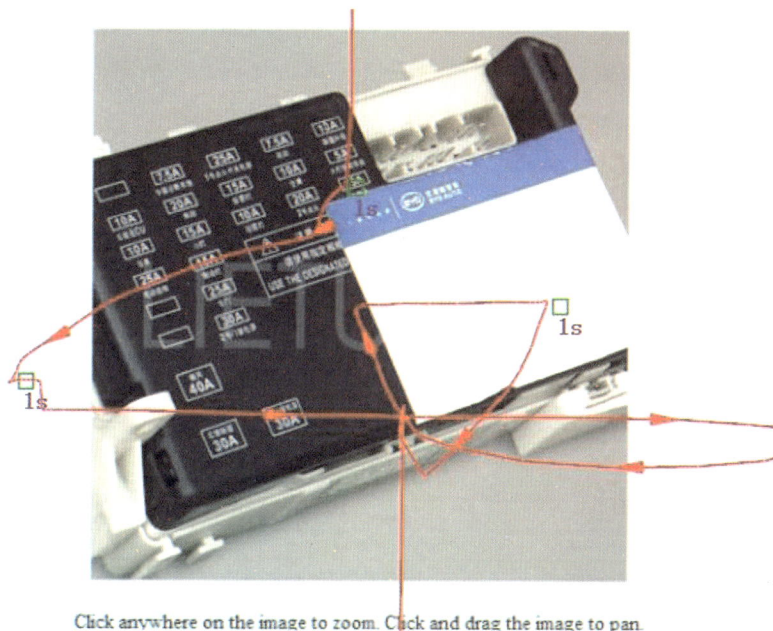

Click anywhere on the image to zoom. Click and drag the image to pan.

图 3-19 看图片的用户

基于轨迹的分析，我把用户分成 2 个标签：喜欢看图片的用户、喜欢看文字的用户。由于原始页面是先放图片，后放文字，导致文字很靠后，不利于喜欢看文字的用户。所以我给出 2 个解决方案：

第一，先展示一幅大图，然后下面是一些小图，这样图片只占不到一屏的空间，想看其他图，鼠标划过就展示出来了，也非常方便。同时，文字紧跟着图片区域，这样喜欢看文字的用户也不用滚动太远就可以看到文字了。

第二，图文混排，这样两类用户的需求都照顾到了。

使用用户行为轨迹来设置用户分类，我们可以把用户分得更具体，在做页面功能的时候也更容易适配。

五、发现规律

在分析金山词霸的首页细节对比页面时，我发现这样的规律，输入框平均每个人点击 1.2 次，而搜索按钮平均每个人点击 0.2 次，也就是说，大多数人都是回车提交，而不是点击搜索按钮。搜索按钮更像一个指示器，告诉你前面的框可以搜索，如图 3-20 所示。

名称	输入框 移除	搜索按钮 移除	页面_4_在线翻译_在线词典_金山词霸_爱词霸英语_轨迹热图s.jpg 移除
图片			

全部展开
起止时间
用户访问

访问人数	117人(20%)	72人(12%)	568人(100%)
总浏览数	124个(20%)	75个(12%)	614个(100%)
平均浏览数	1个(100%)	1个(100%)	1个(100%)
停留时间			
总停留时间	1412秒	9秒	12269秒
平均停留时间	12.1秒	0.1秒	21.6秒
点击			
总点击次数	143次	16次	330次
平均点击次数	1.2次	0.2次	0.6次

图 3-20　金山词霸的首页细节对比页面

虽然很少人用搜索按钮，但把它去掉了，还是感觉怪怪的。图 3-21 是现在金山词霸的首页，去掉了搜索按钮，有点让人摸不着头脑了。

图 3-21　金山词霸首页

六、挽留用户

这是一个可以提升网站转化率的功能，是用户行为轨迹给我的最重要的启发。

2013 年，我的朋友开展了一个项目，并在竞价投放后取得了良好的效果。然而，为了进一步提高销售额，他让我进行数据分析，如图 3-22 所示。通过大量的 AB 测试，我得出以下结论：

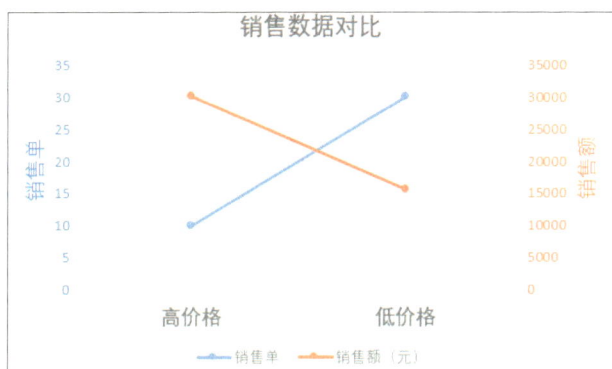

图 3-22　某商品销售数据对比

在销售初始阶段，我们发现，采用高价格时，销售总额提高，但销售量下降；相反，采用低价格时，销售总额下降，但销售量上升。

尽管后来我们尝试了其他价格组合，但在相同竞价投放的前提下，采用低价格的总销售额从未超过采用高价格的总销售额，采用高价格的总销售量也从未超过采用低价格的总销售量。所以我们就想在采用高价格时，如何让不满意价格的用户在离开时能看到给他们的低价格，而已经购买高价格的用户则看不到。如果能实现，就可以使销售额和销售单都双双提升。

判断购买高价格的用户比较容易实现，比如已经在线提交订单，和客服沟通等，但如何判断低价格用户离开呢？我一时没有思路了。

随后几天，我在分析网站轨迹时发现了一个用户离开的规律，用户都是画了一个 V 字，然后离开。如图 3-23 所示。

图 3-23　V 型离开轨迹

浏览这些轨迹给了我很大的启发，判断低价格用户离开有了思路。用户只有在看完价格那屏后离开，我们才称他为低价格用户。离开也容易判断，就是从底部穿过头部，就是离开的标志。在离开时触发弹出窗口。

（一）作用原理

完整的用户访问网站购买流程如图 3-24 所示：

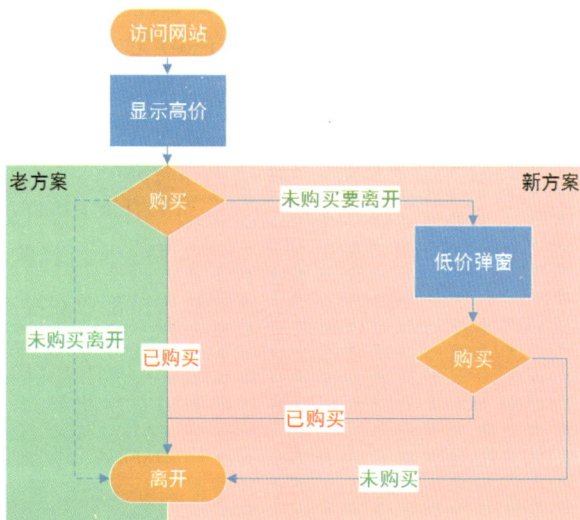

图 3-24　用户访问网站购买流程

1. 老方案

如果用户没有进行下一步的行动，就直接离开，那么我们就损失了一个潜在的客户。

2. 新方案

如果用户没有进行下一步行动，要离开时，系统会根据情况弹出用户可能感兴趣的窗口，对用户进行挽留，从而降低了跳出率。值得一提的是，该技术在 2019 年获得了国家发明专利，专利号：ZL 2016 1 0554034.4。

（二）系统特点

目前本系统只在电脑端网页版有效。

1. 不弹窗

下面 3 种情况不弹窗。

第一，用户已经在线下单。

第二，用户点击在线沟通，有可能在线沟通下单。

第三，用户在页面停留超过 80 秒，有可能打电话下单（当然也有可能是干其他事情）。

不弹窗，避免已经下单的用户看到低价格的商品后，反悔撤单。

2. 弹窗

下面 3 种情况会弹窗。

第一，没有触发任何购买行为。

第二，用户访问网页低于 30 秒。因为 30 秒时间太短，我们认为即使是打电话也是无法提供足够的购买信息的。

第三，用户访问页面超过了 30 秒，但进入了价格屏低于 45 秒。用户在其他屏看信息的时间不算，就是从看到价格后开始算时间。因为有可能他看其他信息时感兴趣，但看到价格时嫌贵了。

弹窗，为用户提供更多的选择，延长用户停留时间，提高转化率。

（三）改造结果

在采用了挽留弹窗后，由于页面默认显示的仍然是高价格，所以对之前的高价格用户没有任何影响，销售额也不会降低。而之前对价格敏感的用户因为对页面高价格不满意，要离开时，挽留弹窗弹出，显示他们可以接受的低价格。由于此时用户已经看到了原本显示的高价格，所以这个低价格相比之前显得更便宜，从而提高了下单的成功率。综上所述，采用挽留弹窗的策略能够同时提高销售额和销售量，如图 3-25 所示。

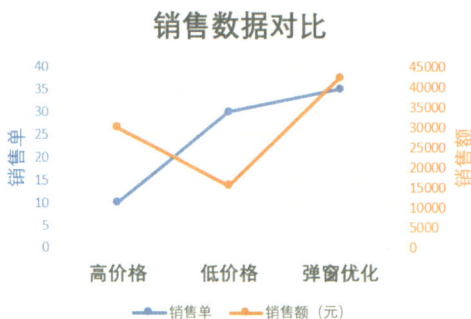

图 3-25　某商品销售数据对比

七、历史问题回看

在大街上没有摄像头的时候，如果出现了案件，虽然警察也能破案，但难度就增加了，需要找目击证人，需要找专家画出嫌疑人画像，需要 DNA 验证。当大街上有摄像头的时候，一切都变得简单了。可以看到嫌疑人外貌、作案方式等。当然，如果没有任何问题，这些视频过一段时间就被删除了。

我们在网站运营的过程中也会出现回头找原因的情况。比如，当我们在周五统计时发现，周一订单有小幅上涨，这是怎么造成的呢？如果没有详细的统计，我们需要通过订单找来源，需要想各种可能性。如果有用户轨迹的持续采集，我们可以通过大量的独立轨迹图，发现当时访问的页面广告语和其他时候不一样；也可能发现周一时正好有一个和我们网站匹配的来源，用户质量非常高。总之，找到原因更容易了。

八、研究用户心理过程

下面的案例虽然用的不是我的系统，但使用的仍然是鼠标轨迹测试方法。案例发布在新华网上，新闻的标题为：探索心灵的新方法——追踪鼠标轨迹。

这是俄亥俄大学心理学博士（现为北爱荷华大学心理学助理教授）程九清主导的一项实验，与俄亥俄大学心理系 Claudia Gonzalez-Vallejo 博士，将鼠标轨迹的追踪方法运用到了经济决策的研究中，为这一领域提供了重要突破。他们的研究发表在知名的《行为决策》杂志上。值得一提的是，心理学与商业的结合在近几十年日趋紧密。如 2017 年诺贝尔经济学奖获得者，芝加哥大学教授 Richard Thaler 的主要研究便是"心理账户"对经济决策行为的影响，并且他的主要获奖内容也发表在《行为决策》杂志上。

程九清博士表示，日常生活中很多人都会通过鼠标来完成决策，网上购物便是一个很好的例子。鼠标轨迹能提供丰富且简单易懂的即时内心活动信息。比如，如果人们在决策时毫不犹豫，那么鼠标轨迹应该会很直接（从起点到选项）。相反，如果人们很难做出决定，在决策时充满了矛盾和犹豫，那么鼠标轨迹往往会有更多的曲折和反复。

在研究中，程九清博士运用鼠标轨迹分析了跨期决策的心理过程。跨期决策是一种和生活紧密相关的经济决策类型，需要人们在时间和金钱（或者别的利益）中做出权衡。例如在近 20 年中，购房总是一个热门的话题。而在购房过程中，人们需要在还贷时间和还贷成本之间做出权衡。实际上，在日常生活中，用信用卡（或者花呗这样的金融工具）进行带息的分期付款都涉及跨期决策。此外，健康的饮食也包含了跨期决策的成分：人们愿意选择由"垃圾食品"带来的迅速的美味，还是长久的饮食和身体健康？很多研究都已发现，越倾向于选择长期利益选项的人，往往拥有更好的信用分数、大学成绩，以及较低概率的肥胖和药物滥用。但是，在这种决策过程中的动态心理活动还鲜为人知。

在程九清博士的实验中，所用电脑与鼠标都与日常生活中的无异。参与实验的被试用鼠标做出选择，而电脑中特定的软件则会即时记录下鼠标运行的轨迹。通过对轨迹的分析发现，如果人们在决策中选择了更为符合长期的利益选项（例如等待后可以得到更多的钱），鼠标轨迹往往会更为曲折和反复。相反，当人们选择可以更早拿到但却较少的利益时，鼠标轨迹往往更为直接。这意味着较早到手的利益总是带有诱惑。如果人要做出更为符合长久利益的决策，则需要压抑这样的诱惑。这样的结果不仅支持了学术界日益流行的"双系统理论"（即大脑内存在着冲动和理智 2 个系统），也为自控能力好的人更容易获得成功这样的日常经验提供了研究基础。也许现在我们更能理解为什么保持健康生活方式和减肥这么难了。

该研究还发现，如果选项的心理价值很接近，那么鼠标会更多地在选项间反复变换移动方向，显示出更多的犹豫和不确定。在购物中，有时商家出于好心，会同时展示很多类似的产品供消费者选择。但根据程九清博士的研究，这样的商品布局反而增加了决策难度，即所谓"挑花了眼"。

此外，研究也发现，当人们考虑何时支付，而不是何时获取金钱的时候，鼠标的轨迹更为曲折。这样的轨迹也能很好地反映出人们在把钱往口袋外掏的时候的"心痛"反应。

由此可见，鼠标轨迹追踪方法很好地弥补了自我报告的缺陷，在商业调查中有着很大的应用价值。特别是，人们已经习惯了用电脑和鼠标去做选择，因此商家对鼠标轨迹的分析可以获得丰富的消费者心理活动的信息。实际上，鼠标轨迹已经扩展到了手指移动轨迹。在大数据时代，通过对轨迹的分析，商家可以探测到客户难以做出（或易于做出）决策的情况，从而优化产品和选择环境。例如针对上文中出现的"挑花了眼"的情况，商家可以设置更为细致的筛选条件或者排序方法，从而减少大量类似商品同时出现的情况。

虽然过去的 30 年对行为决策的研究成果很多，甚至产生了诺贝尔经济学奖。但是，这些研究主要集中在决策偏好上（选择了哪个选项），而对决策过程的研究非常少。很多时候即使人们做出了决定，我们却对决定过程一无所知。程九清博士的研究为探索决策过程打开了窗口。

虽然程九清博士的该项研究发表还不到一年，但是已经被心理学著名杂志引用了两次：美国心理学会旗下的《实验心理学：学习、记忆和认知》杂志，以及美国心理科学协会旗下的《心理科学》杂志，显示出该研究的重要性。此外，程九清博士在最新的研究中把鼠标轨迹系统性地运用到了跨期决策、赌博决策和消费者决策中。

〔程九清博士简介：2006 年获上海师范大学心理学学士学位，2009 年获中国科学院心理研究所心理学硕士学位，2016 年获俄亥俄大学（Ohio University）心理学博士学位。研究方向为判断与决策、行为经济学、人格和认知能力在决策中的作用。讲授认知心理学、学习与记忆、心理学研究方法等本科生及研究生课程。〕

第四节　实时的用户交互

传统的用户分析有以下 2 个特点：

第一，用户和数据是单项传递。用户产生数据，我们分析数据。我们无法影响用户。

第二，数据滞后。用户都离开了，我们才获得数据。

而通过实时轨迹分析，我们可以让数据影响到用户，让数据实时反馈，如图 3-26 所示。

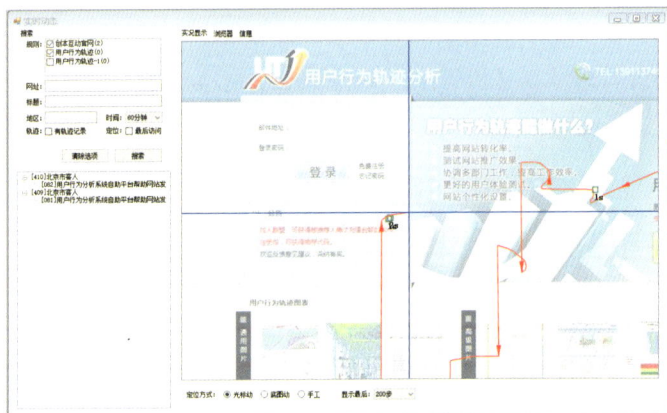

图 3-26　实时轨迹

一、在线用户指导

之前我们指导用户，要么通过电话或语音，要么就是截图，这些都比较烦琐，也不够直观。当然还有 QQ 远程，但对网络带宽占用大，需要对方配合，同时也会暴露用户的个人隐私，随着大家都使用微信，QQ 的用户便越来越少了。

而使用实时轨迹，用户不需要提供额外的内容。用户通过电话或语音与指导人员沟通，按对方指示操作，5 秒后，用户活动的轨迹就可以显示在指导人员的电脑上，指导人员再根据反馈进一步指导用户操作。

二、更精准地销售

我们在服装店购物时，导购员会根据我们的性别、年龄、喜欢的款式等信息，给我们不同的建议，大大提高了下单的成功率。估计没有哪位导购员是在顾客走后再看录像研究对策吧。实时轨迹系统为我们及时观察用户提供了方便。

我们通过列表可以看到当前在线的全部用户，以及他们访问的页面，我们可以挨个浏览，看看每个用户更关注哪些内容。当用户通过在线或者和用户绑定的电话来沟通时，我们可以将用户和轨迹连接起来，从而了解这个用户更关注哪些内容，然后重点解释这部分内容。比如，我们发现用户对产品工艺内容感兴趣，我们就强调产品工艺；如果我们发现用户对售后服务感兴趣，我们就强调售后服务。总之，讲述的都是用户感兴趣的内容，这样就让销售成功率变高了。

第四章

用户轨迹分析方法与思维

第三章介绍了用户轨迹可以解决的问题，其中使用了这些方法：明确目的、熟悉业务、还原场景、避免片面、对比分析、二八法则、刨根问底、分析需求。

那什么是思维呢？如果你经过长时间的练习，当每次遇到分析任务时，都能够自动调出这些方法进行分析，那么养成的这种习惯就是思维。

第一节　明确目的

我们按照对目的的准确描述分为 2 种：明确的目的，不明确的目的。

一、明确的目的

明确的目的指的是我们想解决的一个具体问题，比如判断广告效果好不好、研究用户体验。

当我们有了明确的目的后，就可以选择适合的图示，并进行匹配的设置了。

比如无轨迹的流量。当我们要进行用户体验测试时，就需要过滤掉无轨迹的流量，这样不仅可以节约成本，也节约我们的分析时间，否则我们就会面对很多没有轨迹的图片。当我们要进行广告效果判断时，就需要保留无轨迹的流量，从而知道流量的有效率是多少。

比如轨迹时间。当我们要进行广告来源判断时，就不需要研究一分钟以上的用户轨迹，一分钟内的数据足以证明一个渠道的质量了。当我们要进行用户体验研究时，就需要延长轨迹统计的时间。当我们要进行用户全生命周期研究时，就需要完整的轨迹在线时间。

二、不明确的目的

有时候我们不知道要解决什么问题，可能是随便看看，希望从轨迹中获得灵感。

因为轨迹是用户真实行为的反映，看到轨迹，你就可以想象出用户在如何使用这个页面，比你坐着空想要有效得多。

我最经典的不明确的目的应用是通过轨迹，让我找到了判断用户离开的方法。当时，我正在做一个项目，希望页面可以同时满足高价格用户和低价格用户，从而大幅提升销售额和订单数，但当时我卡在了如何判断用户离开页面，因为过早弹窗会损失高价格用户，过晚弹窗会损失低价格用户。当时我一筹莫展，然后随意地翻看网站的一张张轨迹图，在看过几十张图后，我似乎发现了一个规律，用户来到页面，总是先下来看看，再上去离开。虽然轨迹有简单的也有复杂的，但都符合这一个规律。瞬间给了我灵感，在页面头部增加一个判断，当轨迹从下面往上滑过时触发。后来这个功能还获得了专利，详细内容见第 63 页。

第二节　熟悉业务

我们不能在没有任何业务背景下分析一个用户的行为，这样会导致错误的结果。

一、熟悉图示

首先需要把鼠标轨迹的每一个行为都熟悉，这样一看图就知道用户在干什么。

为什么轨迹线会呈直线，而且上下都在一根线上？那是因为用户使用的是滚轮操作，如图 4-1 所示。

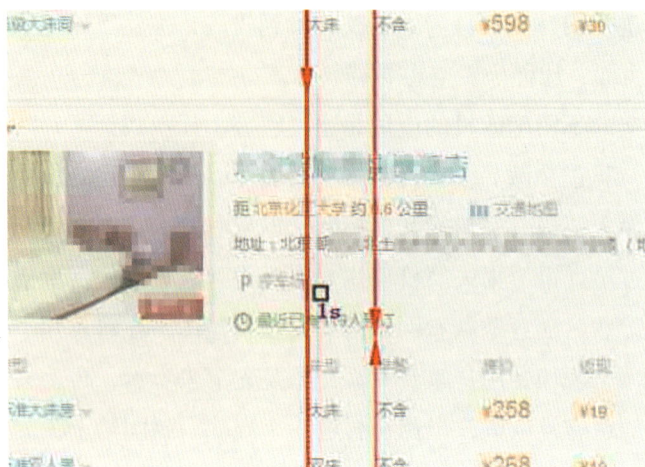

图 4-1 鼠标滚轮操作

为什么图 4-2 是点击和虚线呢？那是因为页面很长，用户在点击右侧的纵向滚动条进行滚动操作。

图 4-2 纵向滚动条操作

为什么有长时间等待，并且是虚线轨迹呢？那是因为用户在页面上打开了新窗口，然后又从新窗口返回到当前页面，如图4-3所示。

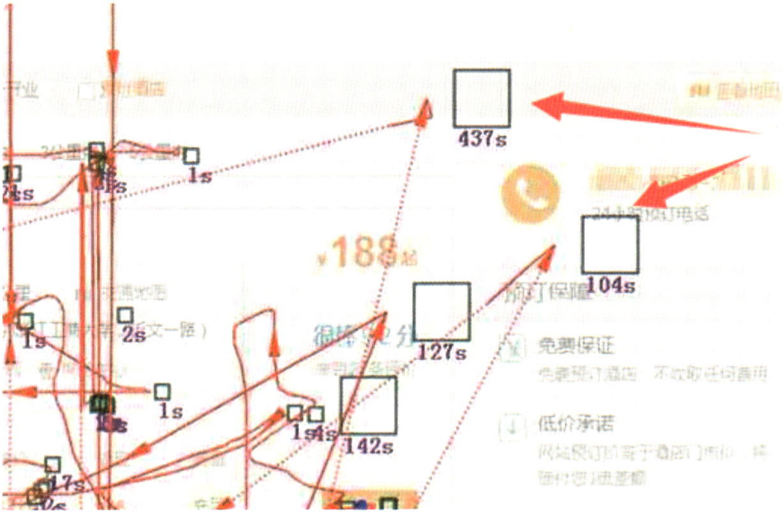

图4-3　新旧窗口切换操作

为什么图4-4这个页面有黄色的轨迹线呢？那是因为用户在浮层上，为了避免和在底层页面的轨迹混淆，使用不同的颜色进行标记。

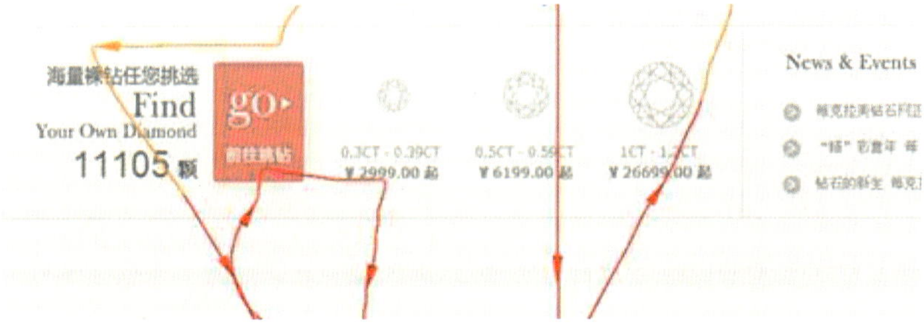

图4-4　浮层上移动

二、熟悉网站

我们需要对网站的布局、功能都非常了解。只有这样，才能够在分析用户轨迹时准确地判断出问题。这里举几个例子。

图4-5是一个轨迹热力图，可以很明显地看到红框中的区域访问量比较大，不用看底图我就可以知道，这部分是广告移动区域。这大大加快了分析的速度。

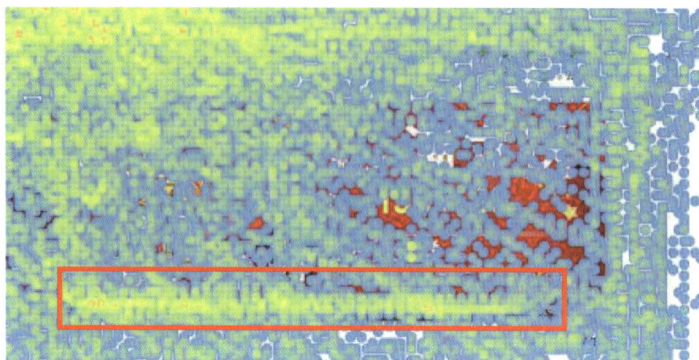

图 4-5　轨迹热力图

三、熟悉用户

用户的每一个操作，哪些是合理的，哪些是不合理的，要清晰地识别出来。

图4-6是合理的用户轨迹，虽然有点乱，但这是真实的用户产生的轨迹。

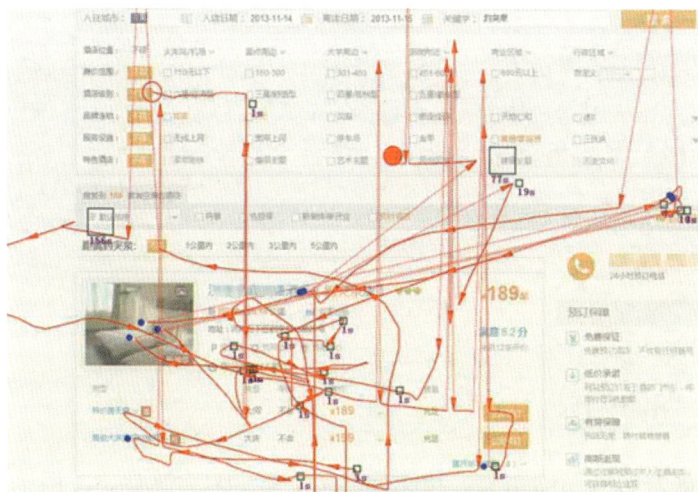

图 4-6　真实用户轨迹

图 4-7 就是不正常的用户轨迹了。初次看到后，我实在想不出什么人能够形成这样的轨迹，不仅仅是一幅图，是 90% 以上的轨迹都是这样的。

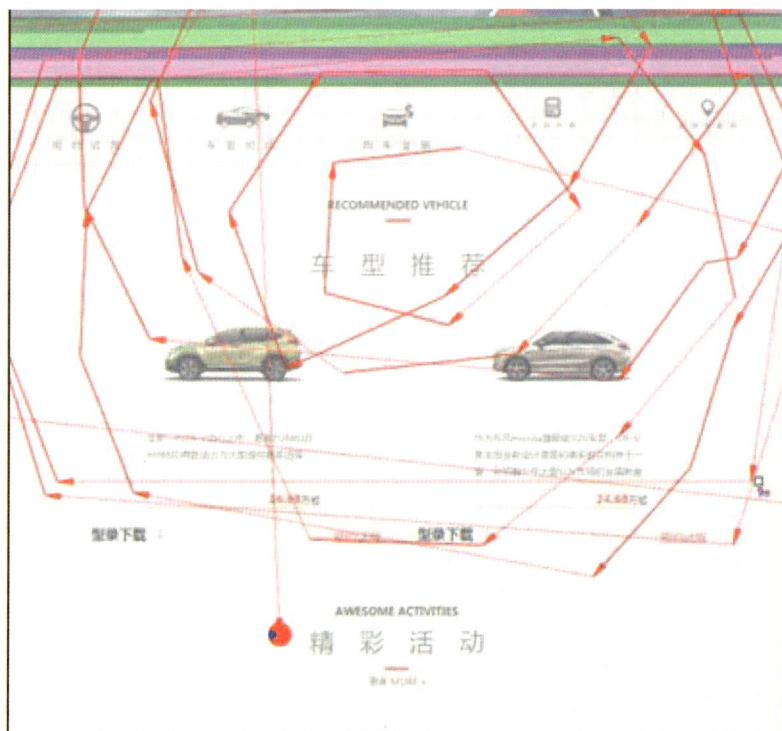

图 4-7 不正常的轨迹图

第三节 还原场景

如果没有还原场景这个基础，会出现我们拿着 B 页面产生的轨迹分析 A 页面，能分析出正确的结果才奇怪呢！让我们看几个典型的例子。

一、还原地区

访问 www.58.com 网站你会发现，你 IP 是哪个地区的，它默认就会显示在哪个地区。

比如使用北京 IP 访问，就会跳转到北京分站 bj.58.com，如图 4-8 所示。

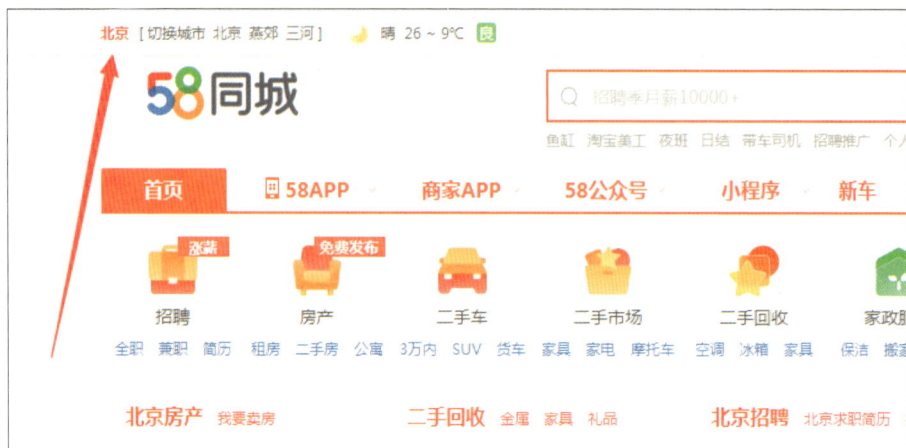

图 4-8　北京页面

使用天津 IP 访问，就会跳转到天津分站 tj.58.com，如图 4-9 所示。

图 4-9　天津页面

如果用户在北京访问，服务器在天津，采集的是天津的页面，画出来北京的用户轨迹，那么会出现什么情况呢？你分析得出：咦，天津的二手房板块最近怎么火了？实际上，是北京的二手房板块火。

解决的方案是增加一个参数，比如 nojump=1，当服务器采集程序把这个参数传递给 58.com 后台时，页面不进行跳转，直接显示相应的界面，不过需要 58 技术的配合。

二、还原时间

如果我们的页面每天或每小时都要更新一次，或者我们访问之前的旧数据，我们就需要还原时间。

对于页面频繁更新的网站，我们需要及时地下载并生成数据，此时就需要自动执行我们之前设定好的模板。先选择自动执行，然后设置下载间隔时间，再选择对应的模板就可以了，系统会自动运行导出图片，如图 4-10 所示。

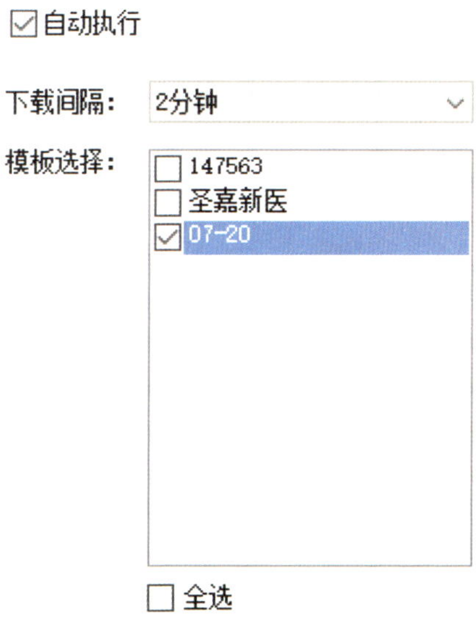

图 4-10　自动执行

如果日后要访问这些数据，在综合设置里选择历史图片项，设定对应的时间，如图 4-11 所示。

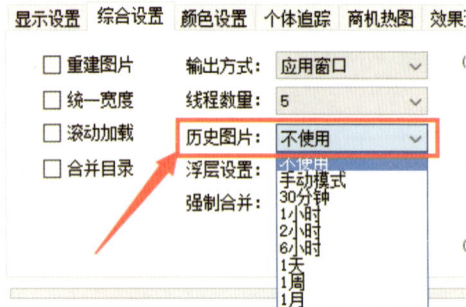

图 4-11　历史图片

经过这样的操作，我们就还原了时间，看到真实的图片了。

三、还原宽度

看图 4-12，本来结束的位置应该在"查看您的轨迹"，但实际位置往上偏移了。图 4-13，实际位置又往下偏移了。

为什么会这样呢？这是因为移动端宽度变化，导致高度跟着变化，当我们用固定宽度的图来绘制时就会出现这样的问题。图 4-12 实际宽度比图里面的要宽，所以按钮跑上面了。图 4-13 实际宽度比图里的要窄，按钮就跑下面了。

图 4-12　往前偏移

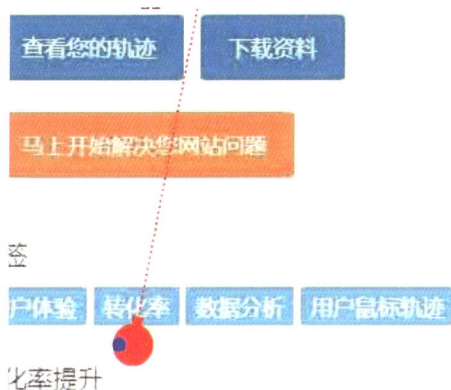

图 4-13　往后偏移

再看图 4-14，主要看右上角的点击。

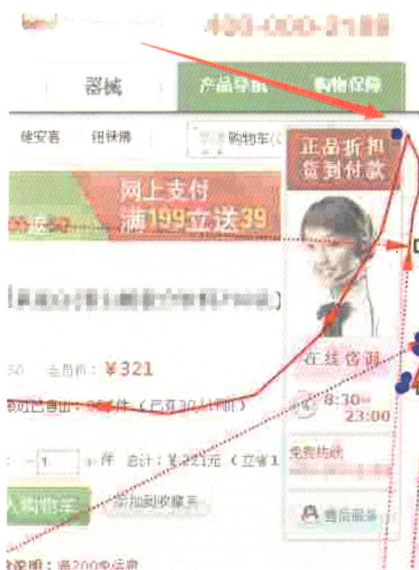

图 4-14　匹配的宽度

为什么会在这里有一个点击呢？因为浮动的广告挡住了下面购物车旁边的结算按钮，在这里我们发现了一个很严重的问题。如果不是把宽度模拟得和真实一样宽，广告就会在页面的外面了，那这个点击就会感觉莫名其妙出现了。

四、还原购物车

如果我们要研究购物车，就需要重现用户购买的商品，否则分析空空的购物车是没有意义的。所以我们需要重现购物车。怎么办呢？简单说分成 3 步：

（一）采集用户及订单信息

在用户访问购物车的时候，使用页面函数 GetPageUTMemo 返回用户 ID 和订单 ID，如图 4-15 所示。

```
5    //获取用户在网站某页面的信息，用于重现操作场景。
6    function GetPageUTMemo()
7    {
8        var s_ret="uid=1&cart=78,32,56,105";
9
10       //此参数在下载页面是回传给网页。
11
12       return s_ret;
13   }
14
```

图 4-15   返回订单函数

在函数中，uid=1 表示用户 ID 为 1。Cart=78,32,56,105 表示订单 ID 为 78、32、56、105 的 4 个订单，按数字的顺序排列，重现内容。

（二）网站程序员开发功能

这需要网站程序员的介入，他们在地址传入 uid 和 cart 参数后，生成和用户访问时一样的页面。

（三）系统还原用户场景

系统在生成图片的过程中，把这些参数传递给购物车页面，按照传递的参数，重现购物车的原貌。

第四节　避免片面

统计中可能出现的问题是把部分当作整体来对待，从而产生错误的结果。

在用户行为分析中会在以下方面出现问题。

一、采集片面

在采集设置生成代码时设置了错误的比例，导致采集的轨迹多集中在一个时间段，从而出现采集片面的问题。比如要采集 1000 条，网站流量在 10 万人次，但选择成了 1000 条以下。本来采集比例是 1%，但被设置成了 100%，在十几分钟内 1000 条就采集完成了，如图 4-16 所示。

图 4-16　实际 PV 选择

避免出现这个问题的方法就是，选择正确的网站 PV，从而生成合理的采集比例。

二、数据片面

数据片面就会导致幸存者偏差。

这里复习一下幸存者偏差。在第二次世界大战期间，美军统计了作战飞机的受损情况，他们发现返航飞机的各个损伤部位被击中的弹孔数各有差异：其中，发动机部位的弹孔数量最少，而机翼的弹孔数量最多。于是有人顺理成章地提出：赶紧加固飞机机翼，因为这些部位更容易受到敌方炮火的攻击。然而，当时为美军提供相关专业建议的统计学专家沃德教授立即否决了此方案，他斩钉截铁地指出：需要得到强化的部位是发动机。因为从理论上看，飞机各部位中弹概率大致相同，然而发动机部位的弹孔数量明显偏少，只能说明：被击中机翼的飞机存活率高于被击中发动机的飞机存活率。事实证明，沃德教授的理论是正确的。看不见的弹痕却最致命！

很多年前，我在分析用户离开原因时，当时能找到的图只有百度的点击热力图。当我发现提交按钮的点击量很少时，想到的办法是加大提交按钮的尺寸，使用更显眼的颜色。这很像加固飞机翅膀的行为。实际上，用户不喜欢你的页面，就不会点击页面上的任何按钮，而是直接关闭浏览器。直到有了独立轨迹图和挽留热力图，我才意识到点击热力图的数据片面性。

三、分析片面

当分析独立轨迹图时，看到某个用户的轨迹有问题，就判断页面需要改动，从而导致网页越改越差。

避免出现这个问题的方法是兼顾其他用户的习惯，统筹考虑。下面看一个例子。

比如，通过分析我们发现，部分用户在浏览到大段文字时浏览很快，没有停留时间，属于放弃阅读。如果我们把详细的内容修改得非常简单，那么很多想了解更多信息的用户需求就得不到满足，我们的优势可能就体现不出来，会直接影响到产品的销售。如何解决以上问题？合理的方案是采用区块折叠的方式。默认大段文字折叠，满足不喜欢看大段文字的用户。喜欢了解更多信息的用户可以通过展开获得更多内容，如图4-17所示。

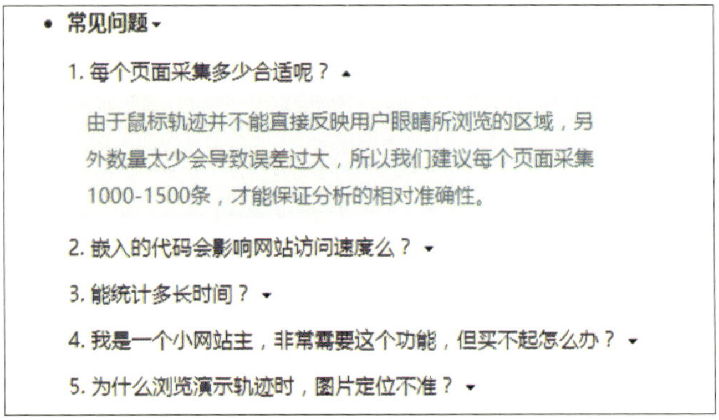

图 4-17　折叠内容

第五节　对比分析

如果给你一幅图或者一组数据，你很难直观地发现问题，因为需要关注的地方太多了。但如果再给你另外一组数据或者一幅图来做比较，你就可以很快地发现他们之间的差异，这就是对比分析法。

一、区域对比

在系统里，有一个专门的功能就是用来进行对比的，那就是热力图的细节对比。

如果只给你图 4-18 这一幅图，你很难发现问题。

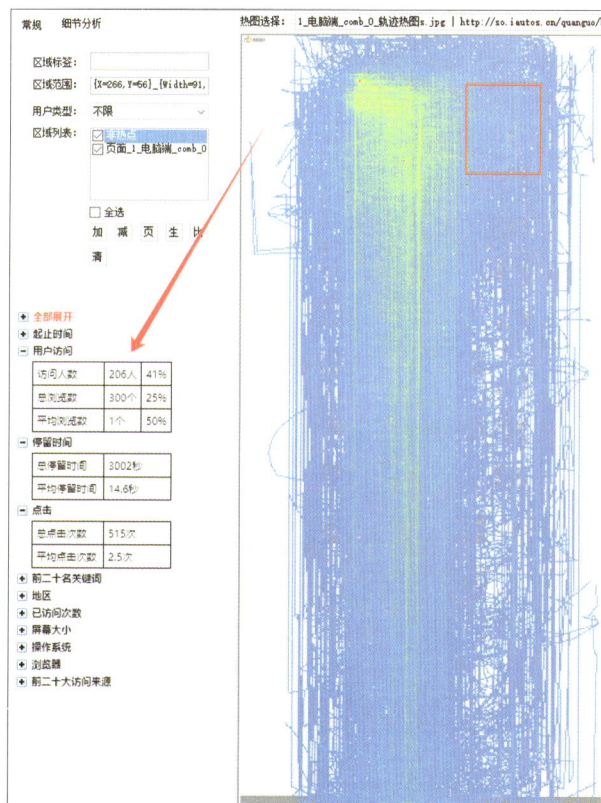

图 4-18　非热点区域

再给你整体页面的数据（图 4-19），你通过手工的对比，可以发现有些参数不一样。

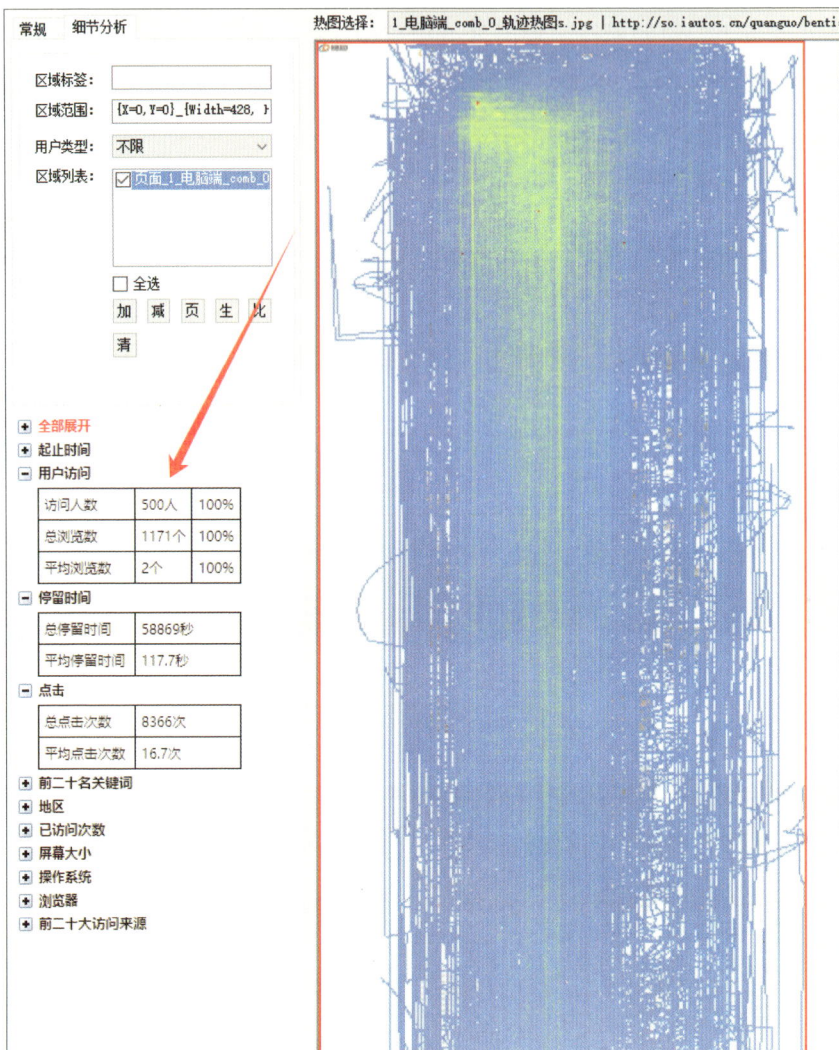

图 4-19　全图

但手工对比太烦琐了，而使用区域对比功能，就可以自动发现不同的地方，效率更高，如图 4-20 所示。

名称	页面_1_电脑端_comb_0_轨迹热图s.jpg | http://so.iautos.cn/quanguo/bentian/ 移除	非热点 移除

⊞ 全部展开

⊟ 热图

热图		

⊞ 原始图片

⊞ 起止时间

⊞ 用户访问

⊟ 停留时间

总停留时间	58869秒	3002秒
平均停留时间	117.7秒	14.6秒

⊞ 点击

⊞ 前二十名关键词

⊞ 地区

⊞ 已访问次数

⊞ 屏幕大小

⊞ 操作系统

⊟ 浏览器

浏览器列表	Chrome 21.0.1180.89	141次	28%	Internet Explorer 8.0	52次	25%
	Internet Explorer 8.0	115次	23%	Chrome 21.0.1180.89	50次	24%
	Internet Explorer 6.0	73次	14%	Internet Explorer 6.0	41次	19%
	Internet Explorer 7.0	44次	8%	Internet Explorer 7.0	17次	8%
	Chrome	36次	7%	Chrome	11次	5%

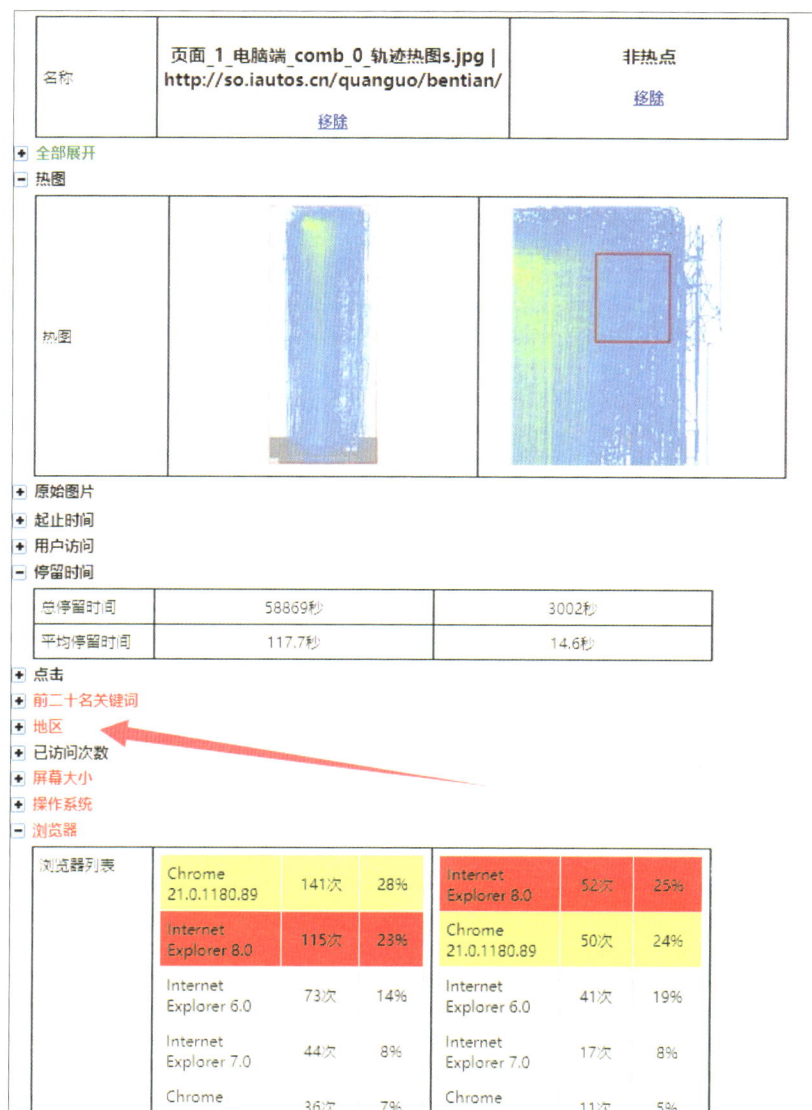

图 4-20　区域对比

二、用户对比

图 4-21，图 4-22 是同一个页面的 2 个用户的轨迹图。

图 4-21 这个用户在文字上停留时间比较长，并对核心的内容进行了选择。

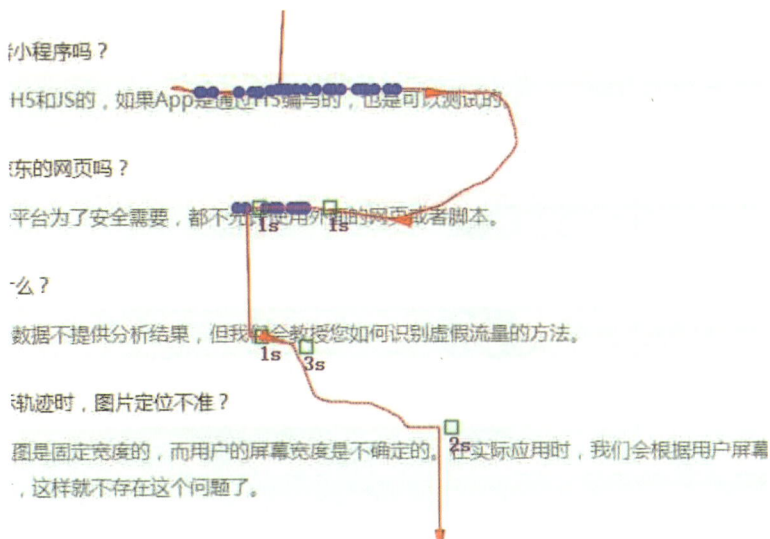

图 4-21　这个用户主要看文字

图 4-22 这个用户在图片上停留时间比较长，在文字上就匆匆地忽略过去了。

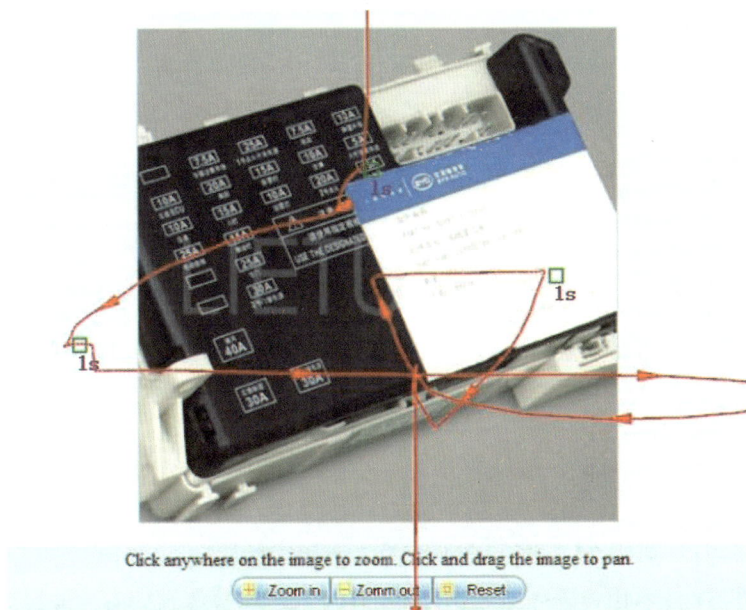

图 4-22　这个用户主要看图

通过对比，我们发现了不同用户的浏览风格，为我们页面设计指明了方向。

三、过往对比

图 4-23 是一则轮播广告的轨迹热力图。

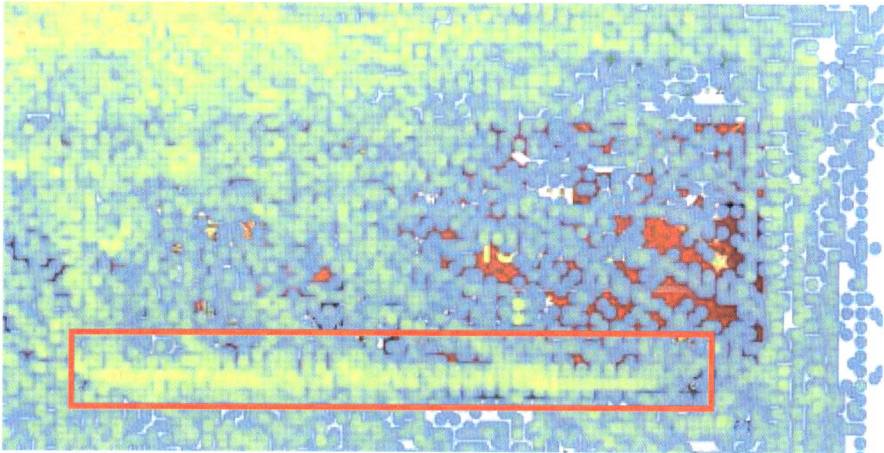

图 4-23　轮播轨迹热力图

可以看到轮播广告底部文字处有黄色比较热的区域，是很多人在移动，切换广告图片。

这个热力图的出现让我想起了另外的一个广告热力图，当时记得小点点区域就没有人移动的痕迹。（由于时间久远，当时也并不在意，原图找不到了，我用某网站首页的广告图代替，如图 4-24 所示。）

图 4-24 圆圈点击图

我后来仔细地分析，小点点区域之所以没有人点击，是因为用户不知道后面有什么内容，另外按钮也很小，人们不愿意去主动看。而文字切换方式，对于广告的内容，人们一目了然，而且选择范围更大，人们也愿意看。所以我得出结论，文字框比小点点方式更受用户欢迎。

第六节　二八法则

一、采集中的二八法则

我们在分析时经常会遇到一个绕不过去的问题，就是采集多少数量的轨迹适合分析？

通常我建议采集 1000 条，而且这 1000 条需要均匀地分散在全天的时间里，才可以保证样本足够多样性。但是在分析这 1000 条轨迹的过程中，问题的出现总是集中在前 200 条，也就是说，分析数量的 20% 可以发现 80% 的问题，分析数量的 80% 只能发现 20% 的问题。哪怕足够有精力，采集了 5000 条轨迹，分析的结果也仅仅是重复发现之前的问题，新问题则很少。基于这个二八法则，你如果只采集 100 条、200 条、500 条轨迹也都是可以发现大多数问题的，只是数量越多，发现问题难度就越大。

案例：100 条热力图和两次的 1000 条热力图的对比，如图 4-25、图 4-26、图 4-27 所示。

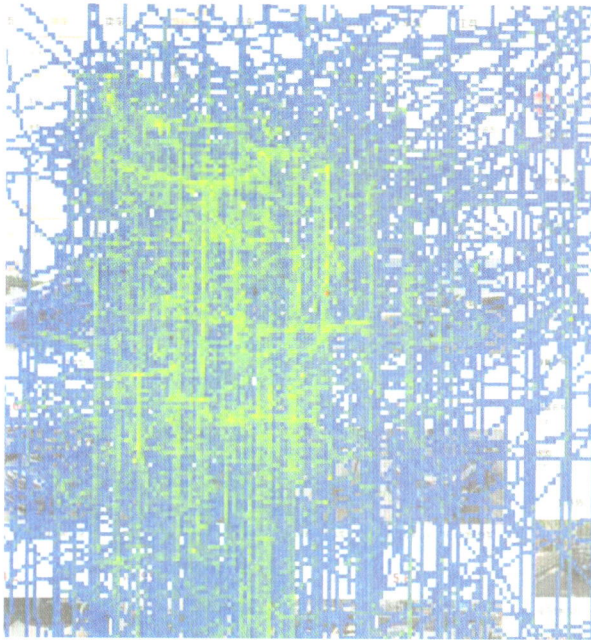

图 4-25　100 条热力图

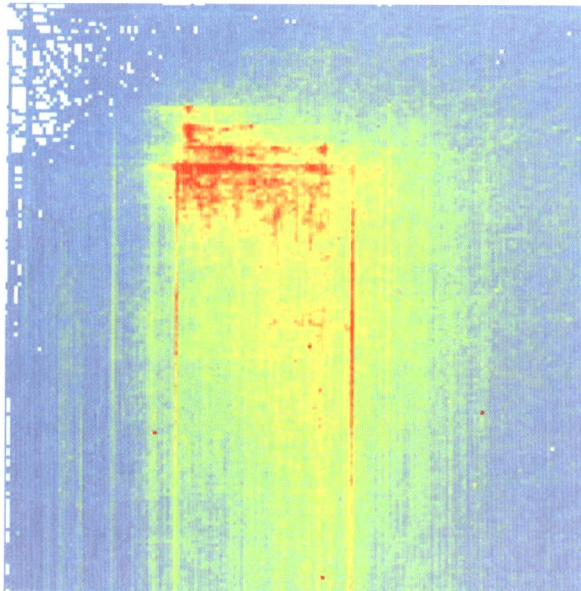

图 4-26　第一次 1000 条热力图

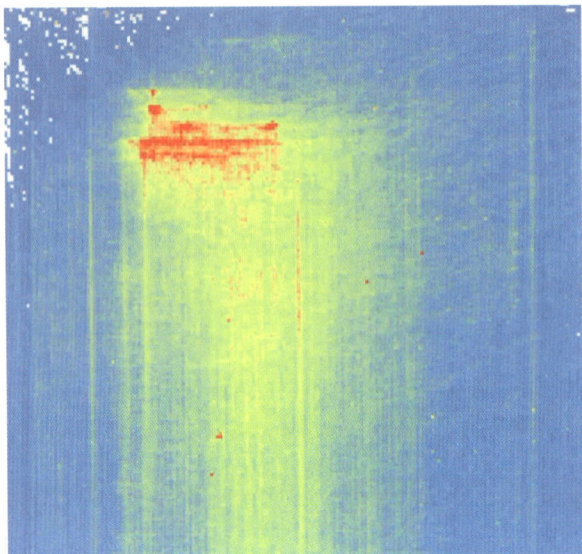

图 4-27　第二次 1000 条热力图

通过对比 3 张图，我们可以发现，虽然数量和数据来源不同，但大概的热点位置都差不多，在大多数的情况下结论都一样。数量大唯一的好处就是避免了超级个体对整体的影响。

二、功能中的二八法则

当我们根据用户轨迹反馈，对网站进行了改进，最终你可能会发现，新增的功能中只有 20% 是用户常用的，80% 是用户不常用的。你可能会因此而感觉为了 80% 的功能花的时间和精力不值。其实，80% 中的 20% 的功能，能够影响 80% 的用户，因为任何对用户有利的功能都会给网站带来转化率的。举一个我的例子，之前我在一家企业网站上看到有内容字体放大的功能，这个功能确实好用，因为现在屏幕越来越大了，分辨率越来越高了，字体就显得很小了。通过放大字体，文字可以看得更舒服。我想，能在这些小地方为用户考虑的网站肯定在服务上没有问题，于是我就购买了他们的产品。你看，一个不常用的字体放大功能，就让我对这家公司增加了信任。后来，我也在自己的网站上增加了这个功能，如图 4-28 所示。

图 4-28　放大功能

第七节　刨根问底

一、罗列多种可能性

有时候，一个结果可能有多种原因，你需要把所有的可能性都罗列出来，然后逐步排除，找到最接近真相的那个。

图 4-29 上只有一小节轨迹。

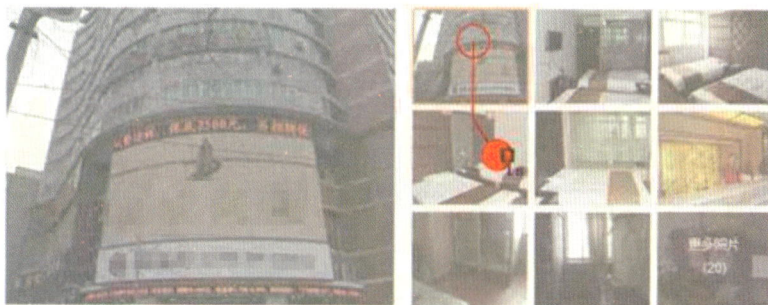

图 4-29　简单的轨迹

有哪些可能性呢？

（一）来源问题

比如，页面被错误地放到了不相关的竞价关键词或者链接下，用户发现不对便马上离开了。

（二）带宽问题

比如，用户打开网页时非常慢，用户等不及了，就直接退出了，所以鼠标轨迹很短。

（三）页面问题

比如，这个页面风格用户特别不喜欢，打开就马上关闭了。

（四）虚假流量

比如，这个轨迹是流量软件刷出来的，不是真实用户的轨迹。

通过大量的图片训练，我们会逐步总结出一些规律，后面再遇到类似的，就不用这么麻烦了。

二、多问几个为什么

很多时候图并不会直接告诉你答案，所有的答案都需要自己去找，这是用户轨迹图的不足和有趣之处。所以，通常需要刨根问底找到根本原因。

比如，正常的轨迹图都是从第一屏开始，逐渐往下浏览的。如图 4-30 所示：

图 4-30　正常的轨迹图

看下面这张图，为什么轨迹只出现在页面底部?

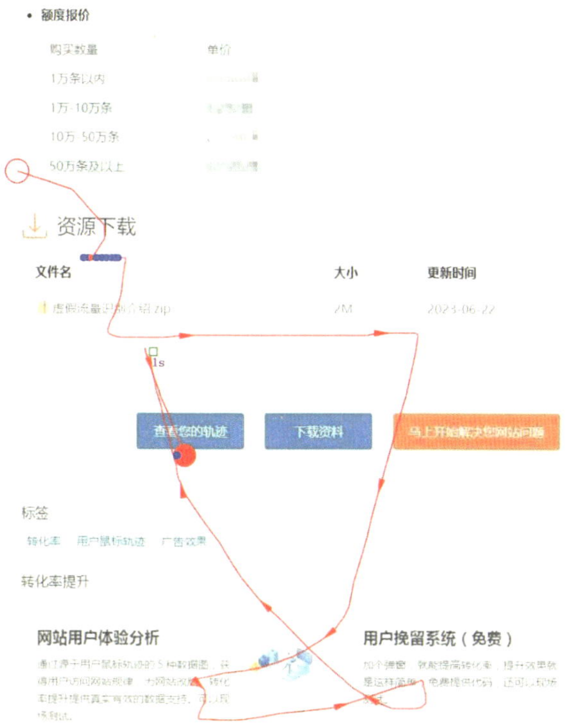

图 4-31　只在页面底部有轨迹

有几种可能性:

第一，用户打开网页后，使用翻页键操作，到底部了才换鼠标操作。

第二，用户之前访问过这个页面，然后刷新了这个页面，导致页面打开后就直接到底部了。

如果是第二种情况，用户为什么要刷新呢? 可能是图片没有加载全，用户看不到，只能刷新重新加载。

图片为什么没有加载全? 有可能是带宽不足。解决方案是增加带宽，或者在不同位置设置 CDN 节点，为资源加速。

你看，我们通过 3 个为什么，找到影响页面加载的可能原因。这一定是正确答案吗? 不一定，但这是最靠谱的假设。

第八节　分析需求

用户轨迹系统有一个很大的不足，就是滞后性，也就是说，它只能在页面已经存在的前提下，把用户使用页面的情况反馈给你。它不能指导你如何做出完整的页面。如果开始的页面设计错了，那给你反馈的信息只会把你带到沟里。不建议完全参考别人的网站，因为你无法确认对方的网站是不是拍脑袋做出来的。

如何分析需求呢？我建议找专家和用户调研。

一、找专家

真正的专家都是见多识广的，他们可以帮助你完整地描述用户的使用过程、完整生命周期等重要的内容。

例如当你要做一个买卖房屋的网站时，专家会告诉你，买房的人有不同的需求，比如有的是为了孩子上学，有的是为了更大的空间，有的是为了离工作地更近，有的是为了有一套属于自己的房子。而且买房的人在不同时期的需求也不一样。刚刚参加工作时，可能是为了拥有一套属于自己的房子。待结婚生子后，就需要考虑孩子上学，需要购买学区房。等有二胎了，就需要更大的房子。等年龄大了，可能需要环境好、医疗资源丰富的房子。

有靠谱专家的支持，你做出来的第一版页面肯定不会偏离太远。

二、用户调研

用户调研是获得一手材料的必要途径。用户调研通过与目标用户直接交互和访谈，帮助研究人员和设计团队全面了解用户的需求。通过观察用户的行为、听取他们的意见和反馈，可以发现他们的隐性需求、期望和痛点，从而更好地满足他们的实际需求。

仍然以你要做一个买卖房屋的网站为例，你需要对不同年龄段、不同职业的很多样本进行用户调研，你一样可以获得真实的用户需求。

三、轨迹验证

在经过上述 2 个重要的步骤后，网站的雏形就搭建出来了，这时候我们就可以使用轨迹来验证之前的设想。如果轨迹显示，用户使用得很顺利，没有看到意料之外的行为，那表示当前满足要求了。如果轨迹出现和想象中不同的行为，就需要认真考虑，是不是我们的设计出问题了。

比如图 4-32，用户从底部上来访问了"确认收货"按钮，这个和我们设计的访问不符，这块就有问题了，比如这个按钮不显眼，用户看不到。

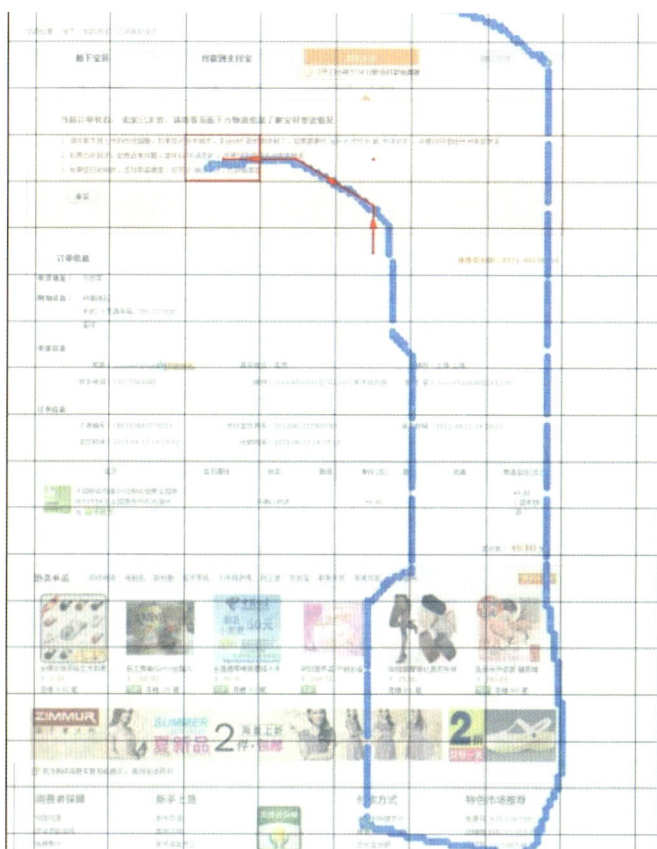

图 4-32 从底部访问链接

通过轨迹可以帮助我们验证之前的页面设计。

第五章

用户轨迹分析平台

本章介绍用户轨迹分析系统的安装部署、采集数据、运行客户端。学习本章，可以帮助你提升分析效率、节约成本、更容易发现问题。

第一节　安装部署

这部分内容是针对专业用户分析师的，需要建立独立运营服务器。普通用户使用公用的 truben.com 服务器。

用户轨迹系统有 2 个网站系统：一个是用户管理系统；另一个是采集系统。

一、域名

用户管理系统和采集系统都需要特定的二级域名。以我官网域名（www.truben.com）为例。

用户管理系统的域名为：ut.truben.com。

采集系统需要 3 个二级域名，分别是：

第一，规则：moaprule.truben.com。

第二，轨迹：moaptrack.truben.com。

第三，数据：moapdb.truben.com。

为什么要加 moap 开头呢？在 2013 年 4 月我获得了几个朋友的天使投资，成立了公司运营用户轨迹项目，在给产品起名时，朋友将单词 mouse 和 application 各取头 2 个字母合并产生了一个新词 moap。虽然公司只运营了 6 个月就解散了，但这个单词一直沿用至今，也算是一种纪念吧。

二、访问协议

目前大多数网站都使用了 https 协议，如果嵌入的规则和采集域名使用 http 协议，那么嵌入的域名将不能发出请求，也就无法采集。所以需要给所有的二级域名申请 https 协议。

三、基本要求

第一，数据库是采用 Mysql 5.1 版本。

第二，硬件空间需要 1G 即可，因为数据超过 15 天就会自动删除。1G 数据足够采集十几万条轨迹数据了。

第三，服务器需要 Windows 系统，带有 IIS Web 服务器。

四、运行环境

网站是使用微软 .net 框架开发的，需要安装 Microsoft .NET Framework 4.8。

在百度中搜索 "NET Framework 4.8"，进入微软官方网站，如图 5-1 所示。

图 5-1 百度搜索结果

点击下载链接，开始下载，如图 5-2 所示。

图 5-2 下载 .net Framework 4.8

五、安装站点

首先需要建立应用程序池，设置如图 5-3 所示：

图 5-3　设置应用程序池

由于规则、采集、下载使用的是同一套程序，所以可以将 3 个二级域名都绑定到一个网站上，如图 5-4 所示。只有在访问量很大的时候才需要分开设置。

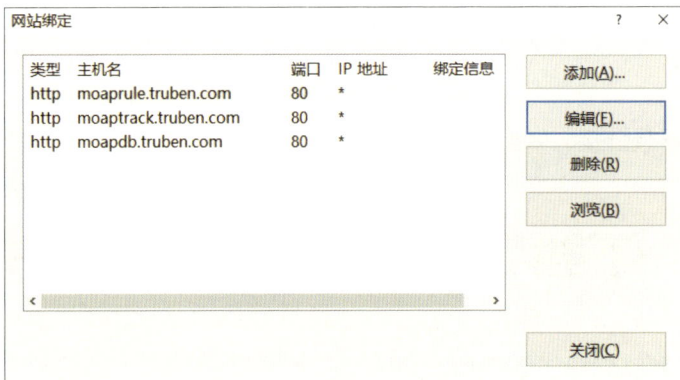

图 5-4　网站域名绑定

六、注册登录

网站安装完成后，就可以注册用户并登录了。

通过首页的注册链接，打开注册页面进行账户注册，就可以登录网站，如图 5-5 所示。

图 5-5　注册用户

第二节　采集数据

生成嵌入代码是通过用户管理网站（ut.truben.com）进行的。具体操作顺序是加入网站、生成代码、部署代码、校验代码。

一、加入网站

开始采集时需要先增加网站，如图 5-6 所示。采集参数说明如表 5-1

所示。

图 5-6　新增网站

表 5-1　采集参数说明

设置名称	设置说明
网站名称	设置采集的名称
网站域名	设置需要采集网站的域名。使用"*"可以泛域名指定。比如"*"表示采集所有域名，"*.com"表示采集所有后缀是".com"的域名，"s*.com"表示采集所有前缀是"s"，后缀是".com"的域名
运行状态	设置采集的运行状态，是停止还是运行。如果长时间不采集，建议删除网页中的采集代码
总采集条数	设置总采集条数，到了数值就停止采集
每天采集条数	设置每天采集条数，到了数值，当天就停止采集
采集初始化	维持初始化的现状是保留现在已经采集的数量值。如果选择初始化，则已经采集的数量值归零

二、生成代码

生成代码有 2 种模式，简单模式和详细模式。

（一）简单模式

简单模式只需要设置一下采集比率。选择每日实际的 PV 量，然后输入每天需要采集的数量，如图 5-7 所示。

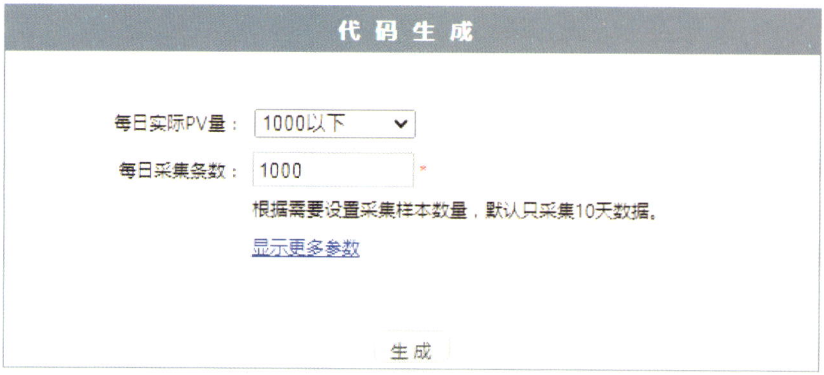

图 5-7　简单模式

每日实际 PV 量从 1000 条以下到 100 万条以上都可以选择，如图 5-8 所示。

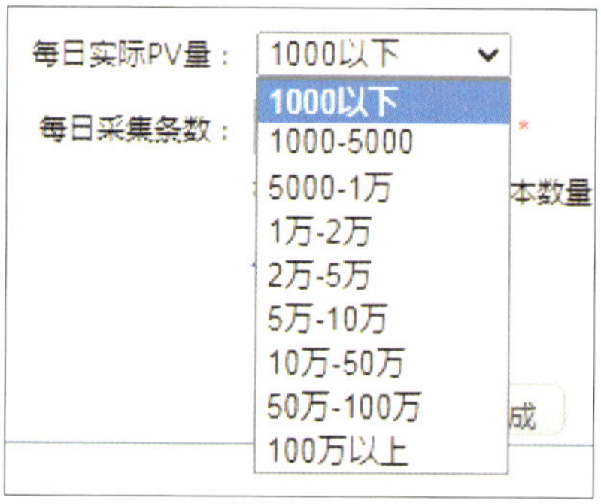

图 5-8　每日实际 PV 量选择

通过设置采集比率，可以将采集周期均匀分配。如果设置错误，比如网站每天实际流量 100 万，但选择每日实际 PV 量为 1000 条以下，每日采集 1000 条时，可能只需几秒钟 1000 条就采集完成了，几秒钟的轨迹没有覆盖全天，容易造成采集片面性。

（二）详细模式

在简单模式下点击"显示更多参数"，出现详细模式，如图 5-9 所示。详细模式参数说明如表 5-2 所示，函数设置说明如表 5-3 所示。

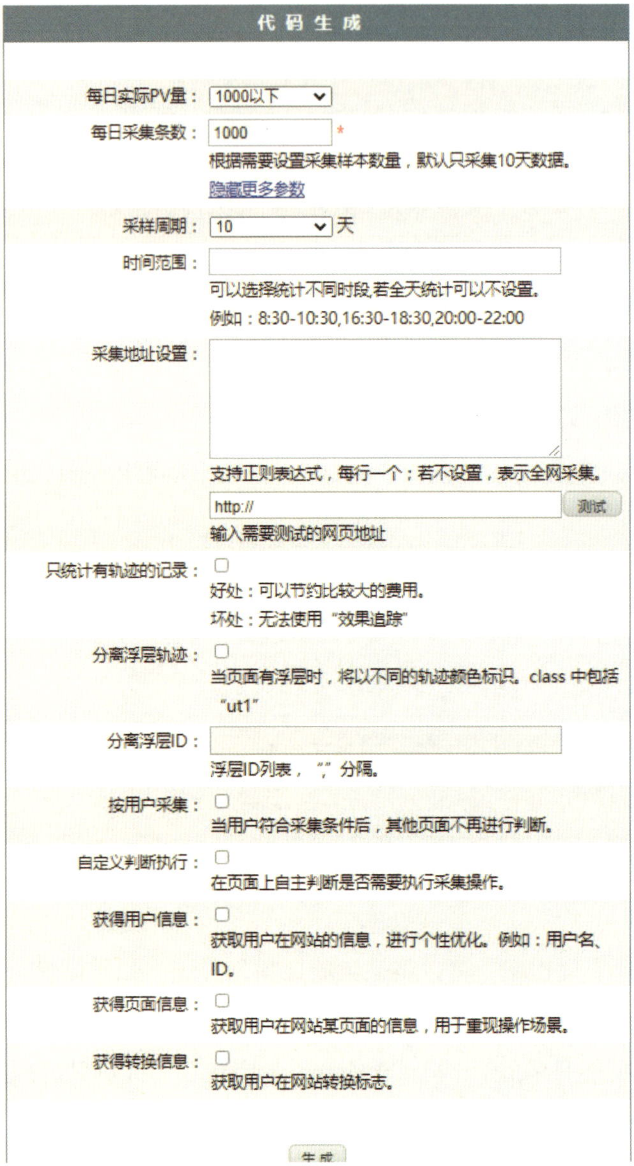

图 5-9 详细模式

表 5-2　详细模式参数说明

设置名称	设置说明
采样周期	默认 10 天，这是为了保护采集服务器避免被无效采集频繁访问
时间范围	可以选择统计不同时段，若全天统计可以不设置 例如：8:30—10:30，16:30—18:30，20:00—22:00
采集地址设置	支持正则表达式，每行一个；若不设置，表示全网采集
只统计有轨迹的记录	如果要研究用户体验，可以选择该项，去掉无轨迹数据，节约成本。如果要研究广告效果，则不能选择
分离浮层轨迹	为了避免在浮层上的轨迹干扰分析，可以设置 class 值，遇到浮层，会换不同的颜色显示
按用户采集	通过后台设置的条件进行采集，不再执行本地 JS 的条件

表 5-3　函数设置说明

设置名称	设置说明

自定义判断执行	在页面上自主判断是否需要执行采集操作
	function IsTraceUT2（）
	{
	　　var b_ret=true;
	　　//b_ret=true 允许采集
	　　//b_ret=false 不允许采集
	　　return b_ret;
	}

获得用户信息	获取用户在网站的信息，进行个性优化。例如：用户名、ID。这样就知道某个轨迹是哪个用户的了
	function GetUTMemo（）
	{
	　　var s_ret=" GetUTMemo 演示";
	　　// 给 s_ret 赋予新值 在轨迹调用工具中即可看到
	　　return s_ret;
	}

续表

设置名称	设置说明

获得页面信息	获取用户在网站某页面的信息，用于客户端重现操作场景，需要网站开发人员配合
	
	``javascript
	function GetPageUTMemo（）
	{
	        var s_ret="page=0&uid=1"；
	
	        //此参数在下载页面是回传给网页
	
	        return s_ret;
	}
	``

获得转换信息	获取用户在网站转换标志
	
	``javascript
	function GetConvert（）
	{
	        var s_con=new Array（2）；
	
	        s_con[0]="1"；//1 购买的数量
	        s_con[1]="10"；//10 购买总价值
	
	        //GetConvert 是在页面装载的时候调用一次
	
	        return s_con;
	}
	``

三、部署代码

点击"生成"按钮后会弹出部署代码界面，如图 5–10 所示。

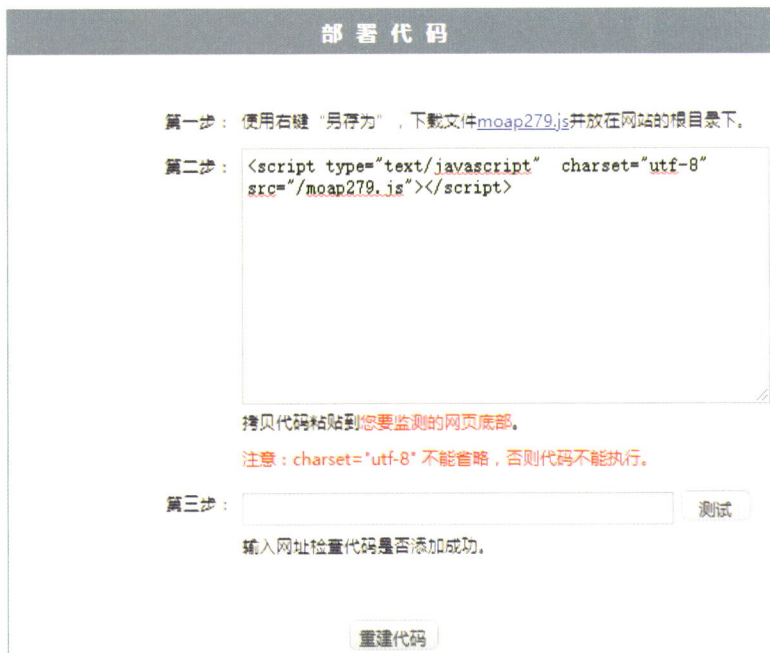

图 5-10　部署代码

部署代码分三步：

第一步，下载采集文件并放到网站根目录下，方便查找。

第二步，拷贝引用代码到需要检测的页面底部。

第三步，输入网址检查代码是否添加成功。

四、校验代码

校验代码是否安装成功有 2 种方式：一种是在后台进行代码检查；另一种是在前台进行调试。

（一）代码检查

打开代码检查界面，如图 5-11 所示。

图 5-11　校验代码

　　点击"测试"按钮，同时打开测试的网址。页面会跳转到检测地址，如图 5-12 所示。

图 5-12　测试成功

如果校验通过会显示如图 5-13：

图 5-13　代码测试通过

如果校验未通过会显示如图 5-14：

图 5-14　代码测试未通过

（二）页面调试

在已经添加了代码的网页链接后面增加一个 debugut=1&testut=1 参数，就可以调试当前页面了。

比如：

https://www.truben.com/ux/?debugut=1&testut=1。如图 5–15 所示。

www.truben.com 显示

开始轨迹跟踪！返回值：351603,204134,60

确定

图 5–15 调试弹窗

调试参数说明如表 5–4 所示。

表 5–4 调试参数说明

设置名称	设置说明
debugut=1	表示显示弹窗
testut=1	表示绕过各种判断直接采集

五、代码说明

打开网站根目录下的 moapxxx.js 文件，这一节详细解释一下代码的作用。

（一）轨迹参数

图 5–16 中的参数是设置采集规则的。

```
31  var i_mousedelayUT=3;
32  var i_timedelayUT=1;
33
34  var b_floatdivUT=true;
35  var s_floatdivIDUT="";
36
37  var b_movestartUT=false;
38
39  var s_hostUT="truben.com";
40
41
42  var s_md5UT="406ed91d73cc4e1abcb791480b6d854b";
```

图 5–16 常规参数

具体轨迹参数说明如表 5-5 所示：

表 5-5　轨迹参数说明

编号	名称	说明
1	i_mousedelayUT	采集鼠标的频次，范围 2~10，默认是 3。2 最频繁，10 是稍慢一点，体现在独立轨迹图上，就是轨迹是否顺滑，一般不需要修改
2	i_timedelayUT	页面打开后，采集延迟时间，这里是 1 秒，也就是说，1 秒以下的轨迹采集不到
3	b_floatdivUT	是否支持浮层，true 为支持，false 为不支持
4	s_floatdivIDUT	浮层的 ID。也可以在 classname 上增加 UT1
6	b_movestartUT	移动触发采集，true 为设置。当设置 true 后，就无法进行广告效果测试了
7	s_hostUT	轨迹采集的网址，这里是 truben.com
8	s_md5UT	账户 MD5 值

（二）筛选参数

表 5-6 中的参数是设置是否采集。

表 5-6　筛选参数说明

编号	名称	说明
1	cvUT.s_timelist	采集的时间范围 8:30—10:30，16:30—18:30，20:00—22:00
2	cvUT.i_randfreq	采集随机数，最大 1000
3	cvUT.i_minutesfreq	采集时间频次，最大 60
4	cvUT.s_urllist	页面过滤地址
5	cvUT.s_enddate	采样终止日期
6	cvUT.b_user	当用户符合采集条件后，其他页面不再进行判断
7.	testut=1	当过滤时导致无法测试，在网址后增加 testut=1，强制采集

六、禁止采集

有时候，我们需要禁止采集轨迹。通常有这几种情况：

（一）禁止本地采集

如果已经在网站上增加了采集代码，那么我们自己打开网站也会被采集，这样增加了我们分析的工作量，同时也浪费了采集的额度，所以需要屏蔽我们自己的访问。在页面后面增加 notrace=1 就增加了一个 Cookie，屏蔽了从此往后的所有访问。若要取消屏蔽，增加 notrace=0 即可解除。比如：

不带参数网址：

原地址：http://www.truben.com/。

现地址：http://www.truben.com/?notrace=1。

带参数网址：

原地址：http://www.truben.com/?id=123。

现地址：http://www.truben.com/?id=123&notrace=1。

（二）禁止某个页面采集

如果全站都加了采集代码，但我们想禁止某个页面采集轨迹，有 2 种方法：

第一，设置代码

当页面 JS 代码中出现 s_notraceUT 参数时，本页禁止采集，如图 5-17 所示。

```
27
28   var s_notraceUT="1"; //禁止本页采集
29
```

图 5-17　禁止本页采集

第二，地址带参数

在链接后面增加 nopagetrace=1，目标页面就不采集轨迹了，如图 5-18 所示。

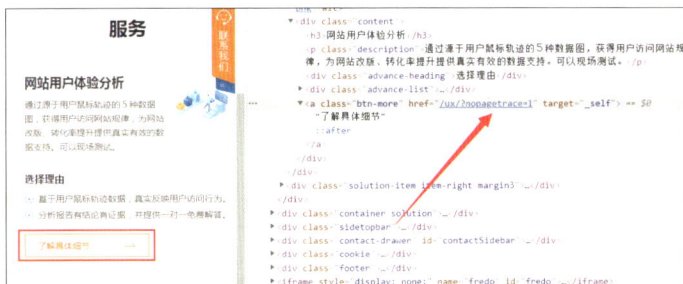

图 5-18　地址带参数

七、代码运行

当加载了采集代码的网页打开后，可以在开发者工具中看到下面的页面地址。页面地址分为 2 种：一种是规则地址；另一种是采集地址。网页请求如图 5-19 所示。

图 5-19　网页请求

（一）规则地址

https://moaprule.truben.com/rule.aspx?do=init&pageurl=http%3A//ut.truben.com/&session=204133&md5=406ed91d73cc4e1abcb791480b6d854b&rnd=0.0976982893505236&convertvalue=0&device=0&converttotal=0&visited=7&offset=534%2C1290&scroll=1020%2C1290&screen=1920*1080&referrer=&color=24&memo=&pagememo=。

规则参数说明如表 5-7 所示。

表 5-7　规则参数说明

参数名称	说明
do	do=init 表示初始化采集
pageurl	当前采集的页面
session	用户会话 ID
md5	用户 MD5 值
rnd	随机值
device	设备类型
convertvalue	转换标志
converttotal	转换值

续表

参数名称	说明
visited	访问次数
offset	偏移量
scroll	滚动值
screen	屏幕尺寸
referrer	引用来源
color	颜色数
memo	会话备注
pagememo	页面备注

（二）采集地址

https://moaptrack.truben.com/trace.aspx?do=upload&last=0&pid=351592&index=1&data=Yu49W6qYw3GU6pYV2Ev6pzU2kU6pXW18V6PxW1nu6QXw0pW6czVLtW69zuLmv6eZUL5u6EZuKfv6GXwKcu6r 。

采集参数说明如表 5-8 所示。

表 5-8　采集参数说明

参数名称	说明
do	do=upload 执行上传操作
last	最后一项标记
pid	页面 ID
index	发送索引
data	坐标数据

第三节　运行客户端

我们主要的分析工作都是在客户端完成的。客户端可以完成规则设置、数据下载、图片生成等全部操作。

一、安装

（一）基本要求

1. 硬盘空间

软件本身只有不到 200MB，但由于在导出过程中会产生大量的轨迹数据及图片，比较占用空间，所以至少需要 10GB 空间。

2. 操作系统

由于使用了最新的 Webview2 浏览器插件，至少需要 Windows 10 版本 1803 及更高版本，不支持 Windows 7 和 Windows 8。

3. 需要安装 Microsoft Office

由于在导出原始数据时使用 Excel 文件格式，所以需要调用 Microsoft Office 插件。

（二）安装软件

安装软件非常简单，只需要 4 步，按照提示内容点击下一步就可以了，如图 5-20 所示。

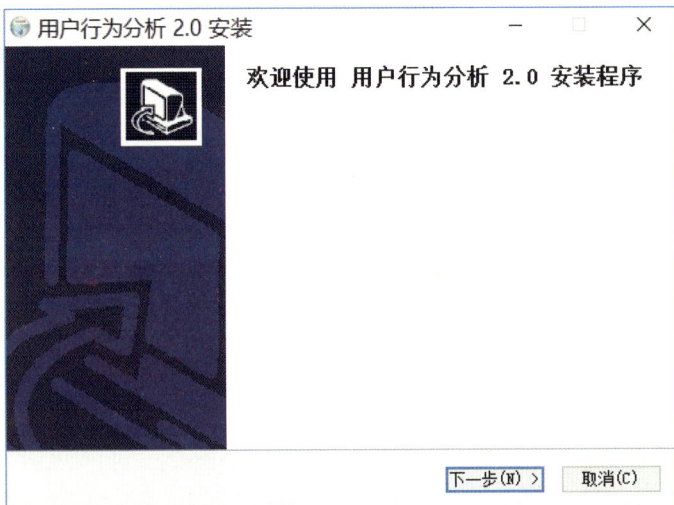

图 5-20　欢迎页面

系统默认安装路径为"D:\创本互动"，因为 C 盘是系统盘，一旦系统坏了需要重新安装便会导致数据丢失，所以重要的内容需要放在 D 盘，如图 5-21 所示。

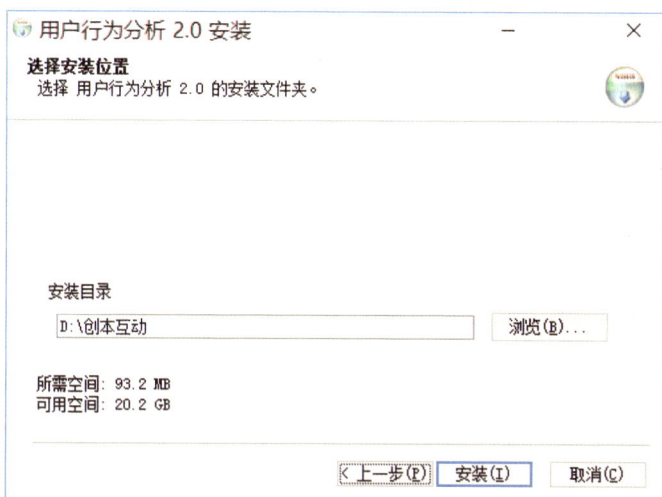

图 5-21　选择目录

开始拷贝文件，大约需要 1 分钟，如图 5-22 所示。

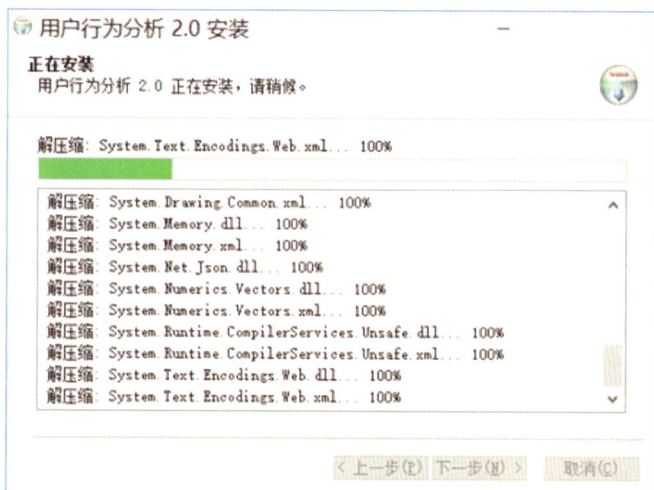

图 5-22　拷贝文件

拷贝文件完成后，安装就完成了，如图 5-23 所示。

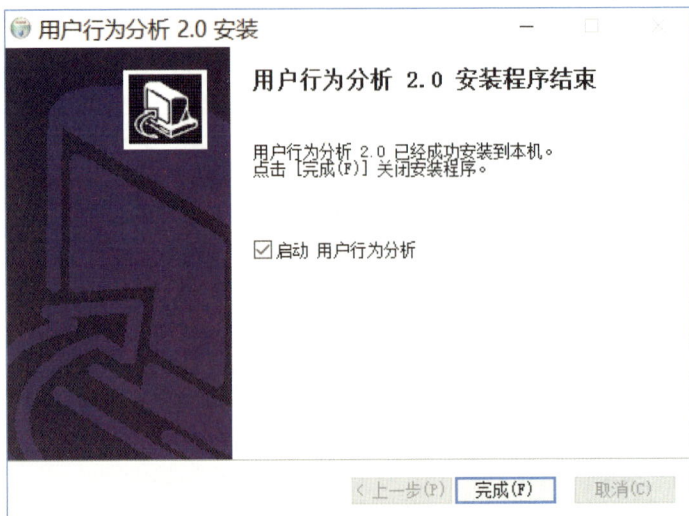

图 5-23　安装完成

点击完成即可启动程序，也可以点击桌面的快捷方式，启动程序，如图 5-24 所示。

图 5-24　程序图标

（三）安装插件

如果是 Windows 10，默认已经安装，可以跳过。

由于软件的浏览器插件使用的是微软的 WebView2，所以在运行前需要安装插件。在百度里面搜索"WebView2 下载"，进入微软官方网站，如图 5-25 所示。

图 5-25 百度搜索结果

在打开的页面中点击下载链接，进入下载页面，如图 5-26 所示。

图 5-26 WebView2 页面

下载常青引导程序，完成安装，如图 5-27 所示。

图 5-27 下载 WebView2

（四）运行环境

如果是 Windows 10，默认已经安装，可以跳过。

客户端系统是使用微软 .net 框架开发的，需要安装 Microsoft .NET Framework 4.8。

（五）文件夹说明

安装目录下，程序运行必须的文件夹功能说明如下：

第一，backup：备份数据目录。

第二，data：当前数据目录。

第三，output：生成的图示目录。

第四，sourceimage：图片原文件目录。

第五，template：生成报告的原始文件目录。

第六，update：升级文件目录。

二、准备工作

在客户端运行前需要完成配置主机的任务。

（一）配置主机位置

如果是专业用户，自定义域名，那么此时需要把域名和客户端程序绑定。如果是普通用户，默认已经绑定到 truben.com。

打开程序目录下文件"用户行为分析 .exe.config"，在 appSettings 节点下有关于主机的设置，将其修改成自己的域名。

<add key=" Host" value=" truben.com" />

（二）登录

第一次打开客户端时需要登录。如果经常使用，就选择下次自动登录，后面再运行客户端时就直接登录了，如图 5-28 所示。

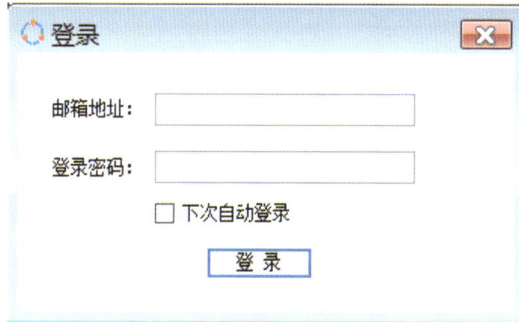

图 5-28　登录

三、登录菜单

文件菜单主要包括登录和注销，可以在使用中切换不同的用户，如图 5-29 所示。

图 5-29　文件菜单

选项菜单包括跟踪规则设置、网页兼容性模拟、数据备份与清除，如图 5-30 所示。后面我们会详细介绍这些模块。

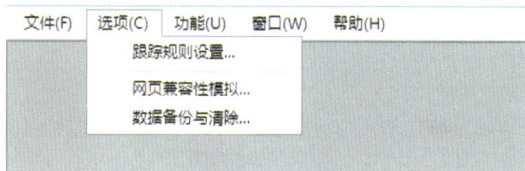

图 5-30　选项菜单

功能菜单提供给我们需要的分析功能，包括下载和查看、查看实时轨迹、查看个体轨迹、查看个体录像、浏览导出目录等，如图 5-31 所示。

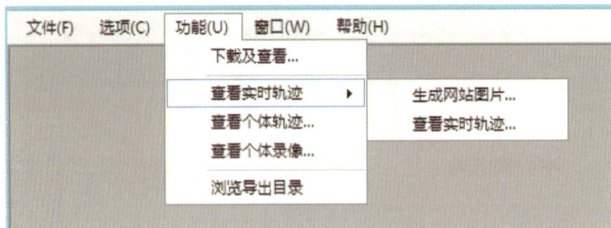

图 5-31　功能菜单

四、规则设置

在这里我们可以对采集进行进一步的设置。这里的设置和前面代码有一些相同的设置。比如访问路径、是否启动。

那两者有什么区别呢？

在代码里面设置的好处是不经过网络，直接起效，节省时间；坏处是每次设置都需要更新代码。

在客户端进行设置后，数据会上传到服务器，好处是方便，随时更新；坏处是每次验证都需要访问服务器，如果网站访问量很大，每次都验证，会导致采集服务器增加无效的损耗。

（一）运行规则

运行规则如图 5-32 所示。

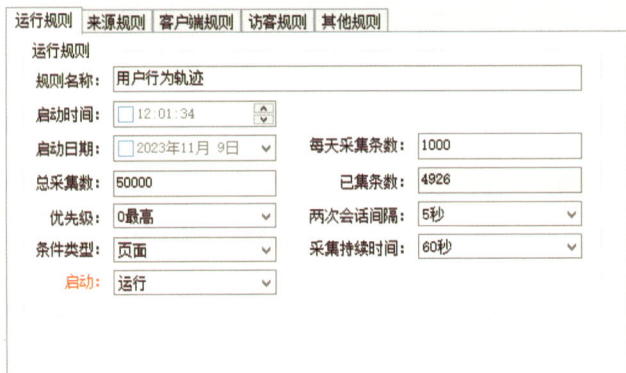

图 5-32　运行规则

各参数的含义如下所示：

1. 规则名称

设置规则的名称，用于区别不同的规则。

2. 启动日期

设置采集规则的启动日期（在某日启动）。

3. 启动时间

设置采集规则的启动时间，可在设置时间自动启动采集程序按定义规则采集数据；另外还可以在采集 JS 脚本中定义启动时间及工作时间，但 JS 灵活性差。

4. 采集条数

设置采集的条数。采样的规模大小通常有 2 种模式：

（1）全部采样，然后筛选不同的条件进行处理，便于全站采集；

（2）直接设置采集条件，只采集符合要求的数据，节约额度。

5. 已采集数量

显示符合此采集条件的数量已经有多少条了，当规则修改后，已采样数量归零。

6. 优先级

当有多个采集规则运行时，一个页面可能都满足它们的条件，设定优先级保证页面归优先级高的规则。同优先级的规则，按记录增加的顺序排列。

7. 两次会话间隔

对于流量大的网站，若不设置会话间隔时间，可能 1 秒钟就会消耗完全部的采集额度（即 1 秒就会采集到符合要求的所有数据）。要增加间隔时间，保证采集能够均匀地分布在不同的时间段。

8. 启动

设置规则是否运行。当采集到规定条数后会自动停止运行。

9. 采集持续时间

默认 60 秒，是指采集、移动时运行的时间（累计操作时间），鼠标停止移动，等待的时间不包括在内。

采集持续时间越长，采集数据越大。

建议：

第一，进行用户体验测试时，采集时间可以延长，最长 1200 秒。

第二，如果进行推广效果判断，可以缩短采集时间，最短 5 秒。

（二）来源规则

来源规则如图 5-33 所示。

图 5-33　来源规则

各参数的含义如下所示：

1. 搜索引擎

默认是全部采集，若选择某一个搜索引擎，只采集通过该搜索引擎过来的流量。

判断的依据是以来源中包括该搜索引擎的核心域名。

比如选择 baidu 来源可以是：

www.baidu.com 百度搜索引擎。

zhidao.baidu.com 百度知道。

corp.baidu.com 百度联盟。

2. 关键词

匹配来源地址的关键字，广泛匹配方式，每行一个，支持正则表达式。

使用".+",默认匹配所有的关键词,但不匹配未通过任何关键词来的流量。

点击关键字窗口右下方按钮，弹出正则表达式测试窗口，输入关键字的正则表达式和对应的关键词，点击测试，会在输出结果窗口中输出匹配结果，如图 5-34 所示：

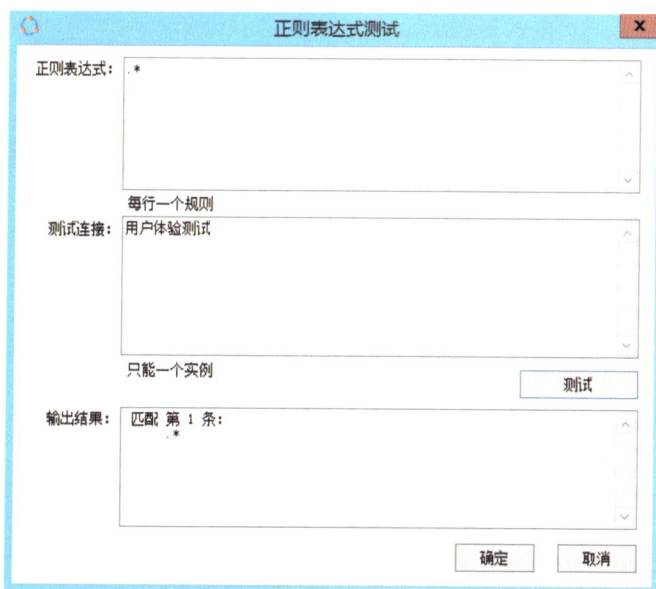

图 5-34　关键词来源测试

3. 网站来源

从某网站来的流量，广泛匹配方式，每行一个，支持正则表达式。

使用 ".+"，默认匹配所有的来源的网站，但不匹配没有来源的流量。

点击网站来源窗口下方按钮，弹出正则表达式测试窗口，输入来源的正则表达式和对应的来源地址测试连接，点击测试，会在输出结果窗口中输出匹配结果，如图 5-35 所示：

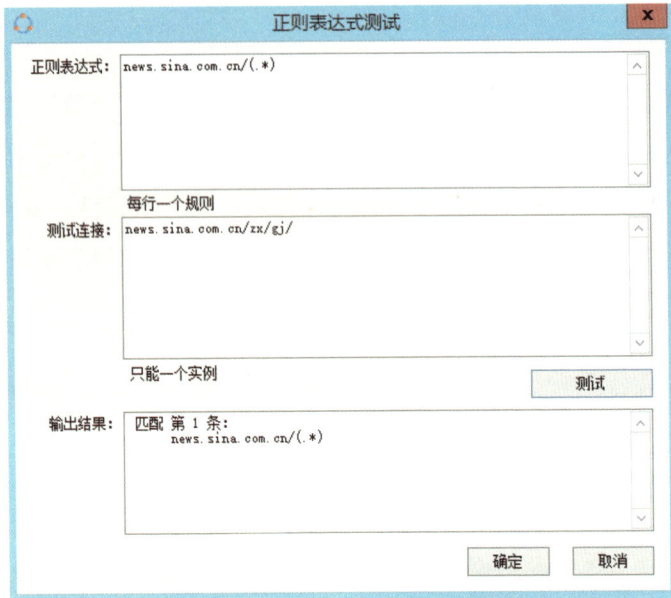

图 5-35　网站来源测试

（三）客户端规则

客户端规则如图 5-36 所示。

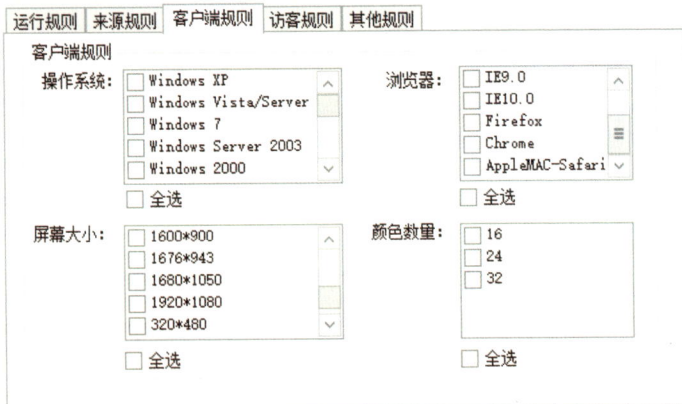

图 5-36　客户端规则

各参数的含义如下所示：

1. 操作系统

匹配可选的操作系统，默认是所有系统。

2. 浏览器

匹配可选的浏览器，默认是所有浏览器。

3. 屏幕大小

匹配可选的屏幕大小，默认是所有屏幕。

4. 颜色数量

匹配所有的颜色数量，默认是所有数量。

（四）访客规则

访客规则如图 5-37 所示。

图 5-37　访客规则

各参数的含义如下所示：

1. 新老客户

匹配多次访问网页的客户，默认不限。

已安装采集 JS，并且规则有效时才统计。

使用建议：

可以针对新老用户访问，从而找到差异，了解用户熟悉网页使用的过程。

2. 访问路径

匹配用户访问的站内路径（不包括域名）。默认是全站统计，支持广泛匹配，支持正则表达式。

点击访问路径窗口左下方按钮，弹出正则表达式测试窗口，输入访问路径的正则表达式和对应用户的访问地址测试连接，点击测试，会在输出结果窗口中输出匹配结果，如图 5-38 所示：

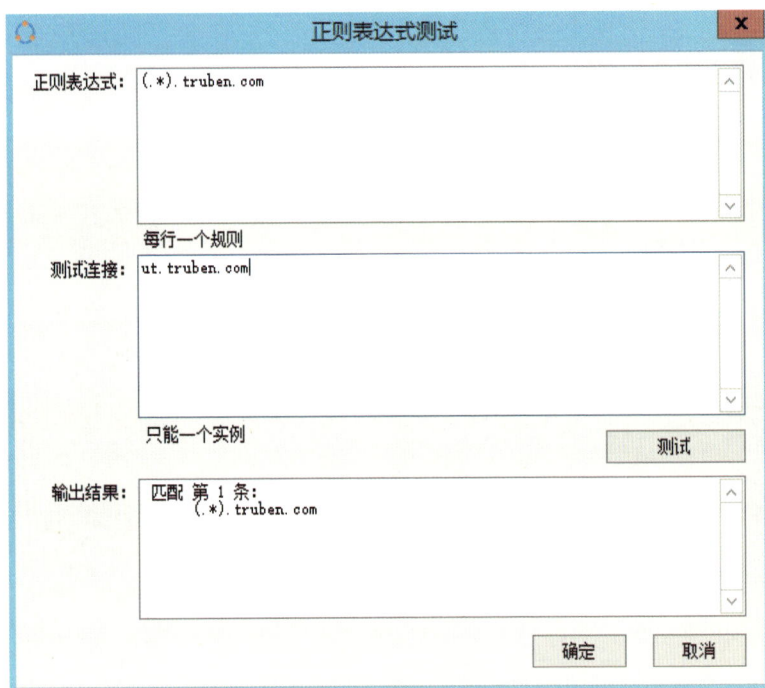

图 5-38　正则表达式测试

（五）其他规则

其他规则如图 5-39 所示。

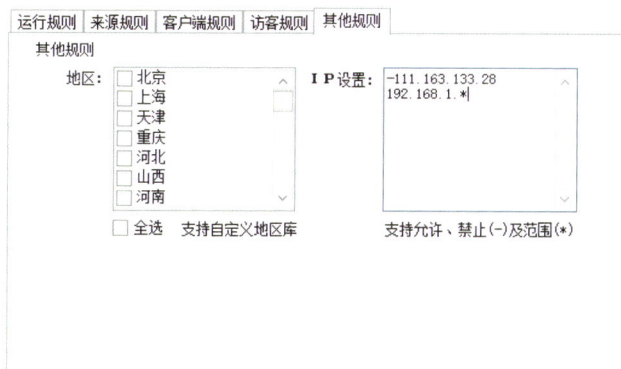

图 5-39 其他规则

各参数的含义如下：

1. 地区

匹配某个地区的访问用户，以 IP 地址库为准。需要访问采集地址，以 moaprule.truben.com 为例。

自定义 IP 地址：

（1）增加 ip.txt 文件，格式参考：

https://moaprule.truben.com/function/ip/ip_demo.txt

IP 起始，IP 结束，地区命名

1.0.0.1,1.0.0.255,澳大利亚

2.0.0.1,2.0.0.255,广东电信

（2）把文件上传到 https://moaprule.truben.com/function/ip 目录中。

（3）执行添加操作

https://moaprule.truben.com/function/operate.aspx?do=ipadd

（4）ip.txt 消失后，增加完成。

2. IP 设置

可以禁止或匹配某 IP 访问。

实例：

只允许：192.168.1.1

只禁止：–192.168.1.1

允许某个范围：192.168.1.*

（六）控制按钮

控制按钮如图 5-40 所示。

图 5-40　控制按钮

各按钮的含义如下所示：

1. 增加

点击增加按钮，会增加一个"未命名"的规则。

2. 修改

当需要保存时，点击修改按钮。

3. 删除

当不需要某个规则时，点击删除按钮。

4. 初始化规则

初始化规则后，规则恢复到默认状态，如图 5-41 所示。

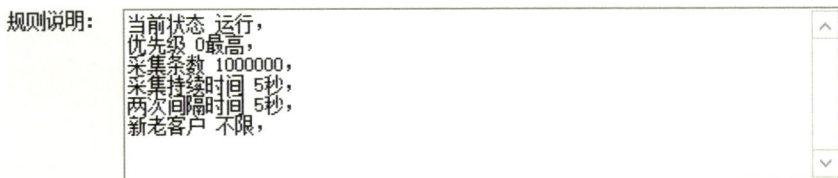

图 5-41　默认状态规则

（七）规则说明

当修改规则后，可以通过规则说明看到整个规则的内容，避免出错，如图 5-42 所示。

规则说明：

```
当前状态 运行，
优先级 0最高，
采集条数 50000，
已集条数 4926，
采集持续时间 60秒，
两次间隔时间 5秒，
新老客户 不限，
访问路径 ut.truben.com，
```

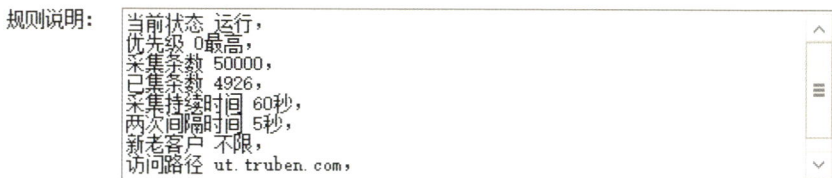

图 5-42　规则说明

五、模拟浏览器

这个功能模块有 2 个作用：

第一，在窗口里出现时，主要是为了测试目标网站是否可以安装鼠标轨迹（99% 网站都可以）。

第二，当独立出现时，这就是一款独立调查浏览器。

（一）兼容性模拟

当我们测试一个网站是否可以使用鼠标轨迹时，就需要使用这个功能。

当我们打开网页时，右上角的访问标记为红色，如图 5-43 所示。

图 5-43　初始状态红色标记

点击"加代码"按钮，稍等片刻，右上角标记变成绿色，表示加载成功，如图 5-44 所示。

图 5-44　加载完成绿色标记

如果我们选择调试，当加载成功后会弹出窗口。显示一串数字，表示加载成功。如果显示为 0，则表示代码加载成功，但没有匹配的规则，此时需要在后台增加相应的规则，如图 5-45 所示。

图 5-45　轨迹统计提示

（二）独立调查浏览器

独立调查浏览器是兼容性模拟功能的独立版本，适合进行互联网分发，远程记录用户体验，如图 5-46 所示。

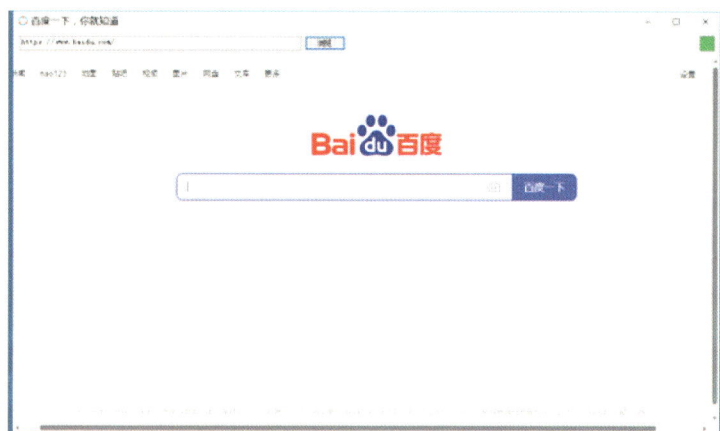

图 5-46　独立调查浏览器

从兼容性模拟功能调整到独立调查浏览器也非常简单，修改程序目录下"用户行为分析 .exe.config"文件，在 <appSettings> 里增加项目：

<add key="AloneUMd5"value="你的 MD5"/>

再次运行，就是独立调查浏览器。

六、数据备份与清除

如图 5-47 所示。

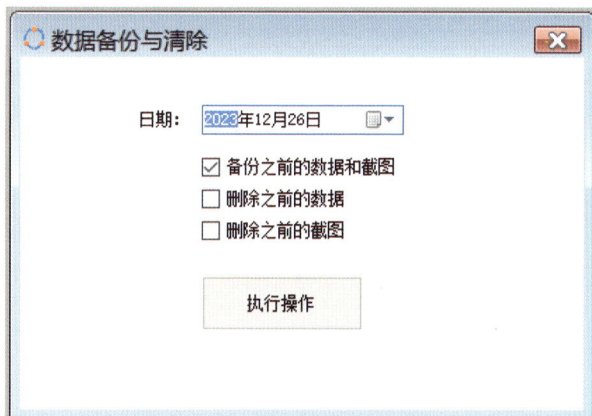

图 5-47　数据备份与清除

（一）备份

数据备份是备份数据库和背景历史图片，这 2 个数据都很重要。备份目录内容显示如下：

图 5-48　备份目录

（二）删除

对于已经备份过或者没有意义的旧数据，我们可以删除，这样可以方便新数据高效生成。

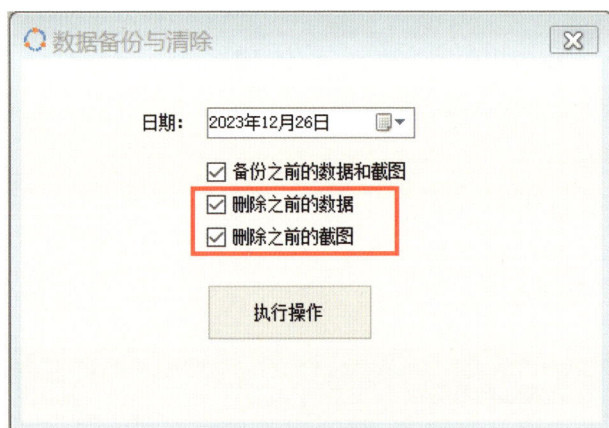

图 5-49　删除数据

如果想恢复备份数据，可以到下载及查看中进行。

七、下载

下载及查看是我们的主要工作区。界面包括规则列表、下载查看区、自动执行区、导入数据区。

图 5-50　下载及查看

（一）规则列表

规则列表列出当前所有的规则。通过选择项目前面的复选框，决定是否导出当前规则的数据。其中每个规则后会显示未下载数和已下载数。以创本互动官网（2/152）为例，未下载数为 2，已下载数为 152，如图 5-51 所示。

图 5-51　规则列表

（二）下载数据

下载数据界面如图 5-52 所示。

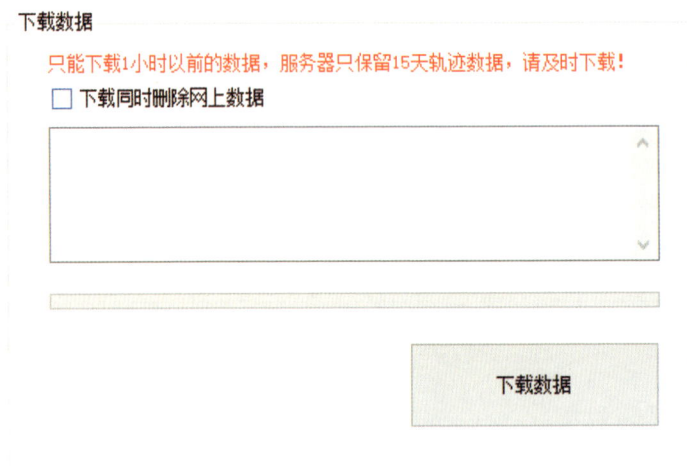

下载数据

只能下载1小时以前的数据，服务器只保留15天轨迹数据，请及时下载！

☐ 下载同时删除网上数据

下载数据

图 5-52　下载数据界面

用户的轨迹数据采集后都先集中到服务器的数据库中，而且非常庞大，此时需要先下载到本地，在本地进行各种操作。为了避免用户还在访问网站时就下载数据，导致用户数据被分开，所以系统只下载 1 小时之前的数据。另外，由于轨迹数据比较大，长期存在服务器上会导致采集运行变慢，因此服务器会自动删除 15 天以上的数据，所以还需要及时下载。如果同时几个人都需要这些数据，那么不要选择下载的同时删除网上数据。下载的数据会自动去重，不需要手动删除。下载数据完成如图 5-53 所示。

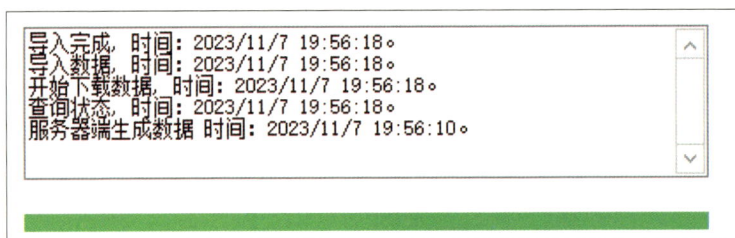

导入完成，时间：2023/11/7 19:56:18。
导入数据，时间：2023/11/7 19:56:18。
开始下载数据，时间：2023/11/7 19:56:18。
查询状态，时间：2023/11/7 19:56:18。
服务器端生成数据 时间：2023/11/7 19:56:10。

图 5-53　下载数据完成

（三）自动执行

自动执行如图 5-54 所示。

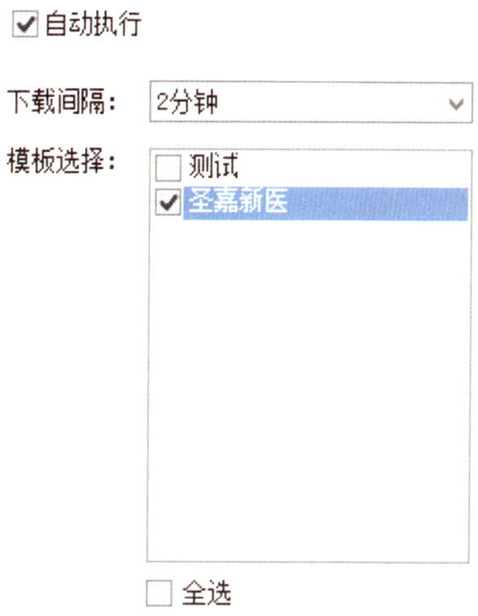

图 5-54　自动执行

由于图片生成比较慢，所以我们希望在分析时，图片就已经生成了，节约我们等待的时间，可以设置自动执行。或者网页更新非常快，我们需要及时获得当前的页面状态，也需要设置自动执行。

具体步骤如下：

第一，先在"查看"中设置好各种条件和生成的图形，然后保存成一个模板。

第二，选择自动执行，设置间隔时间，选择模板。

第三，等待执行。

到时间了，内容自动生成并存放到程序目录下，以便随时查看。

需要注意的是，在自动执行时尽可能不要切换到手工执行，避免冲突，所以在切换到"查看"时会提示如图 5-55：

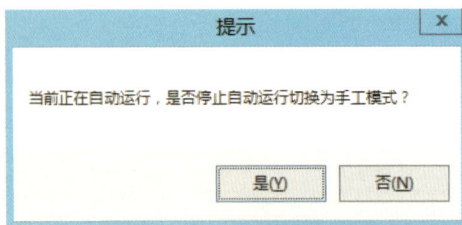

图 5-55　切换提示

选择"是"，则取消自动模式，进入手工模式。选择"否"，则继续自动模式。如果想在运行自动模式时分析图片，可以另外打开一个"下载及查看"窗口。

（四）导入数据

如果我们需要查看之前备份的数据，或者不同的用户把他的数据发过来，要你帮助他分析，此时就需要导入数据了，如图 5-56 所示。

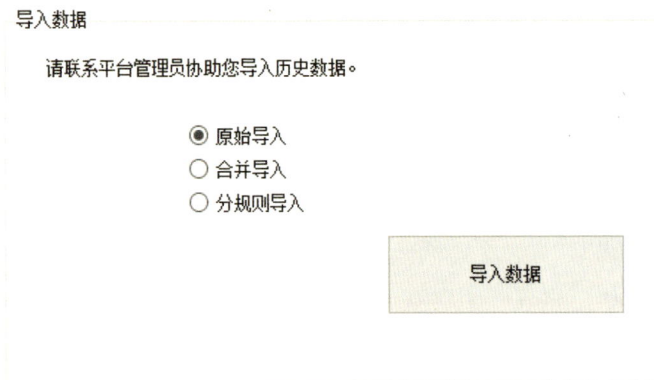

图 5-56　导入数据

导入数据很简单，只需要选择导入的目录，程序运行后，会在左侧规则列表中创建一个新的规则。

3 种导入分别是：原始导入、合并导入、分规则导入。我举个例子来说明三者的不同。假定我们现在的数据是 A、B，我使用备份功能得到两组备份数据 A1、B1，区别如下：

第一，使用原始导入后，A1 数据导入 A 中，B1 数据导入 B 中，重复的数据自动过滤掉，规则列表中仍然是 A、B。

第二，使用合并导入后，A1、B1 数据合并成 C 数据，规则列表中出现 A、B、C。

第三，使用分规则导入后，规则列表中会出现 A、B、A1、B1 这 4 个数据项。

八、查看

查看功能是轨迹客户端的主要功能，所有的图形都在这里生成。查看分两大块：条件筛选和导出设置。

（一）条件筛选

条件筛选是为了找到符合要求的记录，如图 5–57 所示。

图 5–57　条件筛选页面

具体内容：

1. 模板定义

我们可以给设置的条件进行保存，在输入框中输入名称，然后保存即可。保存的模板可以在自动执行中出现，也可以从下拉框中选择之前保存的内容。

2. 过滤条件

显示使用条件框生成的条件。通过下面的"条件过滤"按钮进入条件筛选界面，或者清除条件内容，如图 5-58 所示。

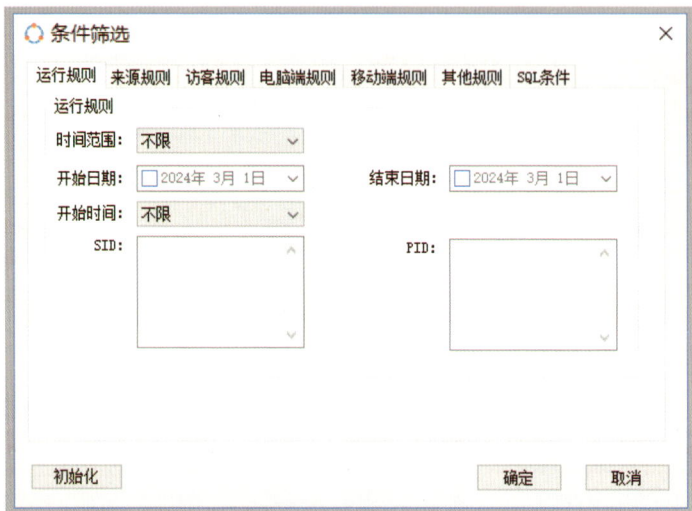

图 5-58　条件选择框

3. 导出数量

根据生成的内容类型，可以设置不同的导出数量。如果是图形类的，导出较慢，建议不要超过 1000 条；如果是报告类的，可以不限数量，如图 5-59 所示。

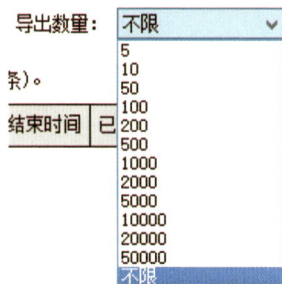

图 5-59　导出数量

4. 数据筛选

如图 5-60 所示。

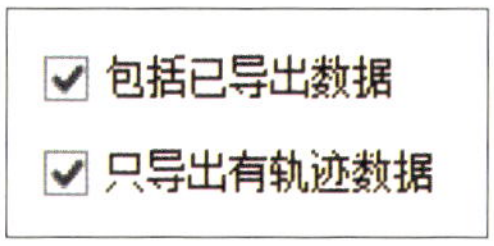

図 5-60　数据筛选

（1）包括已经导出的数据

当使用个体追踪导出图片后，该记录就设置为已经导出，以避免重复导出。若想对历史记录进行导出，须选择该项。

（2）只导出有轨迹的数据

在使用个体追踪时，默认选择该项可以过滤掉无轨迹的图片，便于查看数据。在使用效果追踪时，需要对无效数据进行统计，默认不选择该项。

5. 显示结果

显示的结果第一层是会话，第二层是访问页。显示的项目就是原始数据的字段。通过列表，我们可以浏览到有限的真实数据，可以在不生成图片前，调整我们的条件设置，如图 5-61 所示。

找到 57 条符合条件的会话记录，包括 124 条页面记录(只显示前100条)。

详细页面	SID	访问页数	停留时间	关键词	地区	开始时间	结束时间	已访问次
关团	204293	7	17分8秒		天津市	2023/11/8 10:08:38	2023/11/8 10:25:46	94

PID	停留时间	开始时间	结束时间	访问地址	宽度及高度	页面来源
351812	20秒	2023/11/8 10:08:38	2023/11/8 10:08:58	https://www.truben.com/fad/	1305,8934	https://www.truben.com

図 5-61　显示结果

（二）显示设置

如图 5-62 所示。

图 5-62　显示设置

各参数的含义如下所示：

1. 功能选择

选择需要操作的功能，然后到相应的标签页进行进一步的设置，如图 5-63 所示。

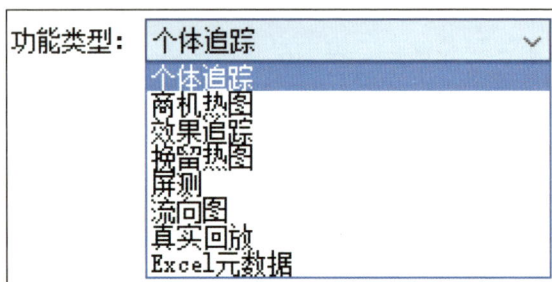

图 5-63　功能类型

2. 网页透明度

由于系统会在页面上进行绘图，当有背景时，绘制的曲线会变得看不清楚，所以降低网页的透明度，从而突出轨迹部分，如图 5-64 所示。

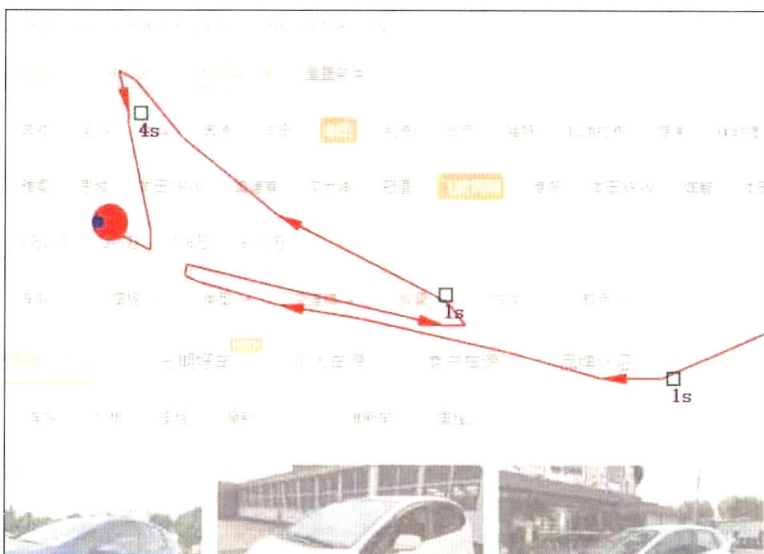

图 5-64　低透明度的网页

3. 网页清晰度

由于下载时网页内容只作为背景图片显示，所以可以降低网页清晰度来减少文件大小，加快页面绘制时间。

4. 目录名称

通常生成的目录是：目录名称＋时间，如下：

流向图 _2024-02-27_14-39-44

我们可以修改目录名称，便于区分生成的不同图片，方便区别。

主页的流向图 _2024-02-27_14-39-44

栏目页的流向图 _2024-02-27_14-45-12

5. 页面位置

首先在 1400*900 分辨率下，判断页面的布局情况，然后选择该项，保证绘制的点和实际的点相吻合。

主要确认页面的布局，如百度是居左，一般网站是居中，一个网站的页面风格都是统一的。

6. 下载延时

由于系统会下载页面生成背景图片，但由于不同的网络环境会导致下载失败（图 5-65），在这里设置下载延时时间，可以在一定程度上保证页面完整下载（建议先小范围测试下载）。

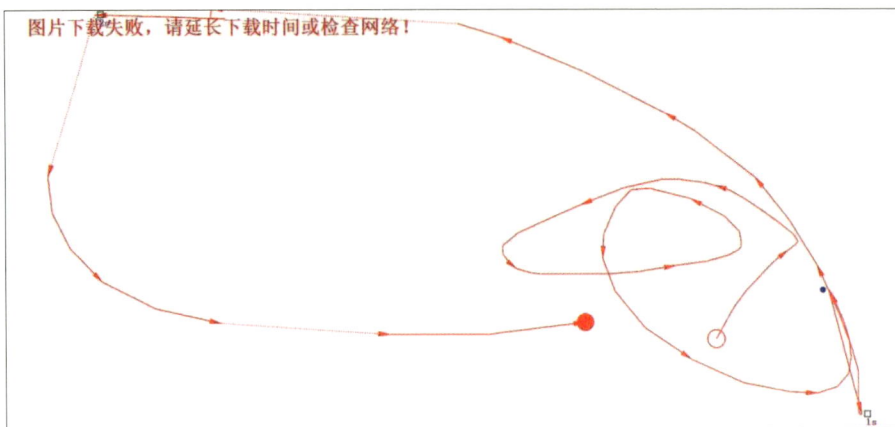

图片下载失败，请延长下载时间或检查网络！

图 5-65　下载失败后图片

7. 图片更新校验

在生成过程中，页面下载占用时间最长，但大部分网页不会经常更新，所以设置图片更新方式，减少图片更新，加快页面生成的速度。

更新方式有 2 种：

（1）代码 MD5：页面代码发生变化后，就重新生成图片。

（2）文本 MD5：页面文字发生变化后，就重新生成图片。

8. 停留不统计

正常的停留会在几秒或几十秒，但如果是几百秒，有可能是用户离开页面了，这部分数据会没有任何意义，系统会把超过设置停留时间的设置为 0，避免分析时受到过多的干扰。

（三）综合设置

如图 5-66 所示。

图 5-66　综合设置

各参数的含义如下所示：

1. 统一宽度

由于不同的用户使用不同分辨率的电脑访问网站，所以我们展示时，需要重现当时页面宽度，导致页面多次加载，效率较低。若网站在不同分辨率下都是居中显示，则可以选择该项，从而加快页面下载速度。

2. 滚动加载

目前有些网页使用动态缓存技术，只有当页面访问到某屏时才读取，通常结合下载延时一起使用。

如图 5-67 所示：内容部分显示不出来，选择该项后可以显示，如图 5-68 所示。

图 5-67　未显示图片

图 5-68　显示图片

3. 合并目录

合并后的目录更方便查找。

图 5-69 是未合并的导出目录：

图 5-69　未合并目录

图 5-70 是合并后的导出目录，就比较规整了。

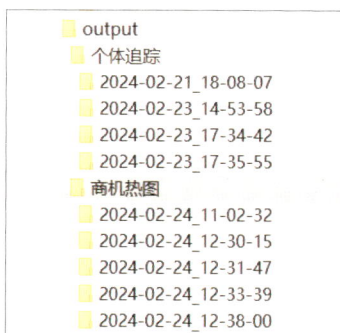

图 5-70　设置后的合并目录

4．包括浮层

设置包括浮层后，会生成带有浮层的图片。须注意的是，在生成采集代码时需要设置浮层样式标识，默认是 UT。

5．输出方式

输出方式有应用窗口和图片目录。默认是应用窗口，更方便操作，同时也会生成图片目录。当选择自动方式时，只能选择图片目录，避免频繁弹窗。

6．历史图片

如果我们需要重新生成旧的数据，那就不能使用最新的图片，只能使用旧的图片。设置该项可以自动生成不同时间段的底图，从而满足旧数据生成的需要，如图 5-71 所示。

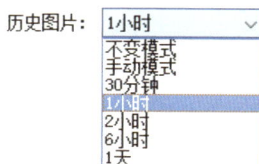

图 5-71　历史图片选择项

7．强制合并

当没有强制合并时，我们会按照页面地址不同来进行采集，这会导致数据非常分散，不便于分析，如图 5-72 所示。

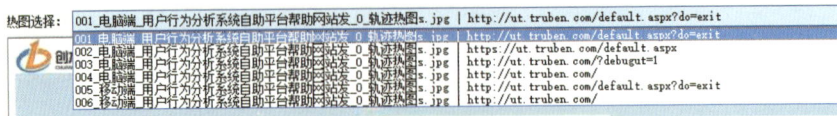

图 5-72　分散的热图

当我们选择一条记录，获得 PID 后，强制到一个底图上，就只会生成一个，如图 5-73、图 5-74 所示。

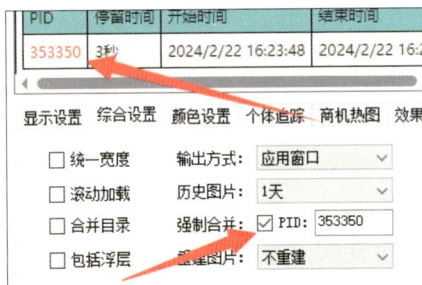

图 5-73　强制合并

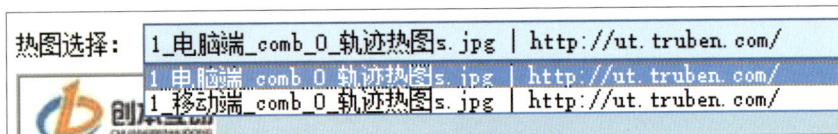

图 5-74　合并后的热图

须注意的是，设备不同时是不能合并的，比如移动端数据是不能合并到电脑端的。

除了合并参数不同的地址，还可以合并结构相似的页面，比如使用相同模板的不同产品页，方便进行汇总分析。

8. 重建图片

选择该项后，虽然某页面图片已经存在，但页面仍然会重新下载，如图 5-75 所示。

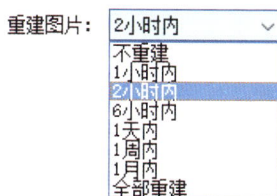

图 5-75　重建图片

当下列属性改变后，该项默认选择 2 小时内重建。

（1）网页透明度。

（2）下载延时。

（3）网页清晰度。

（4）图片滚动加载。

9. 忽略部分参数

系统按网页地址下载页面，保持与用户访问相同，但由于有些页面的某些参数改变并不影响页面显示，但系统默认属于不同的页面，导致重复下载。选择该项并设置需要忽略的参数，则下载时该参数改变，不会重新下载。若全部参数都不会影响页面，则可以选择忽略全部参数，如图 5-76 所示。

图 5-76　忽略参数

10. 临时链接参数

由于有些页面是需要登录后才能展示，而系统采集时是未登录状态，导致无法重现页面。在临时链接参数中增加选项，并和页面开发人员沟通，当出现某个参数时，则虚拟该登录状态，特别是模拟采样用户的登录效果。

（四）颜色设置

如图 5-77 所示。

图 5-77　颜色设置

默认图片展示有固定的颜色，当页面色彩和默认颜色冲突时，为了便于显示，可以修改默认颜色从而使图片更清晰（或者调整网页透明度和网页清晰度完成同样的功能），如图 5-78 所示。

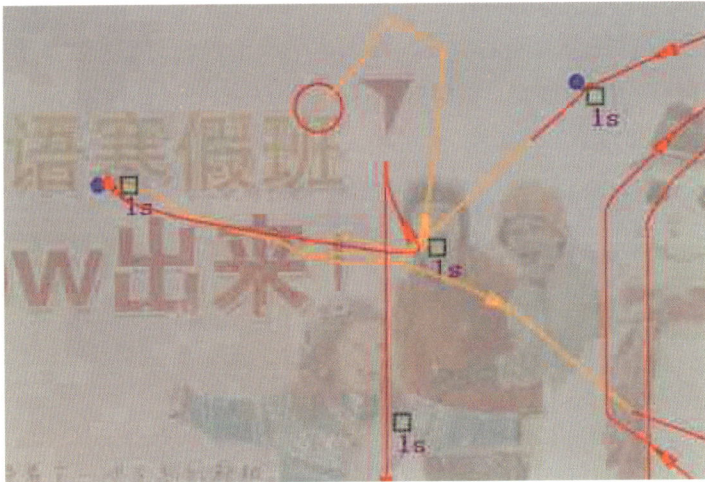

图 5-78　轨迹导出的各种颜色

（五）个体追踪

如图 5-79 所示。

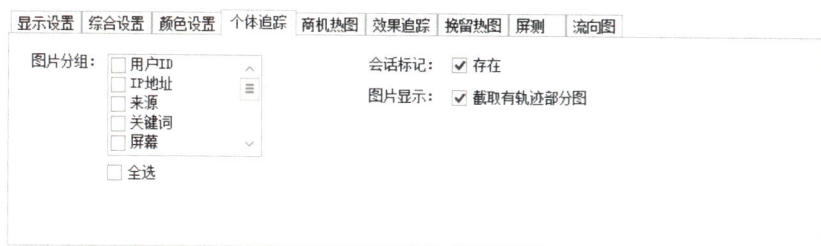

图 5-79 个体追踪

通过单个用户的轨迹图，对单个用户进行细节分析及页面用户体验分析。轨迹图样例如图 5-80 所示：

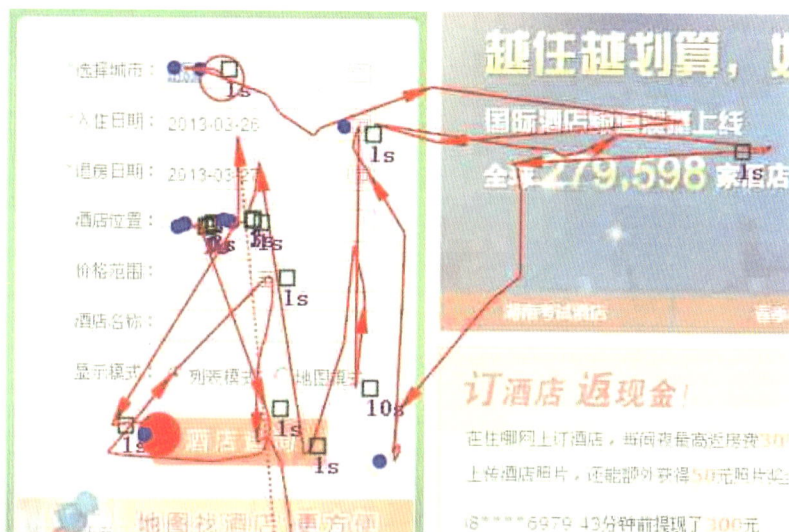

图 5-80 独立轨迹图样例

各参数的含义如下所示：

1. 图片分组

有时我们需要对同一个属性用户群体下的轨迹进行分析，可以选择该项，生成页面时将按照属性放置在不同的目录下，便于分析。例如在 1024 宽度和 1440 宽度下用户的使用习惯，如图 5-81 所示。

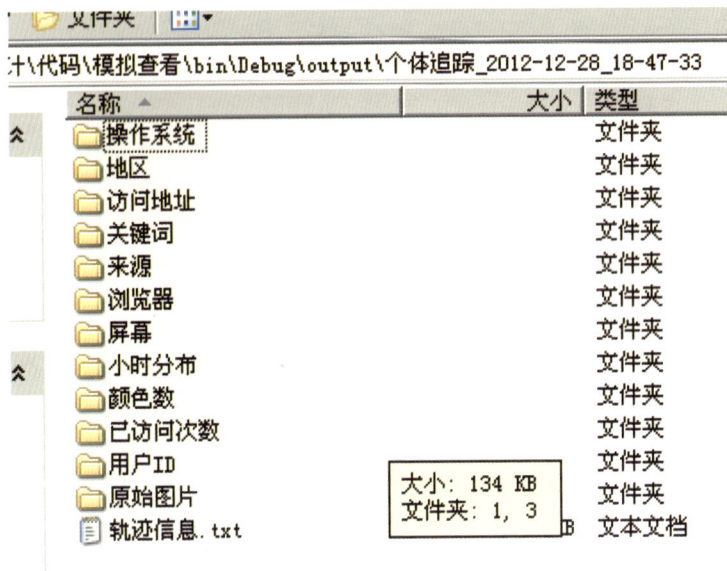

图 5-81　图片分组

需要注意的是，这个功能只能在输出方式为图片目录时有效，如图 5-82 所示。

图 5-82　输出方式为图片目录

2. 会话标记

为了对页面进行更好的分析，需要对用户的基本属性进行分析。把会话标记展示在页面上方便分析，如图 5-83 所示：

ID	72564_132464
访问页数	1
关键词	
访问次数	1
IP地址	222.210.117.158
屏幕大小	1440*900
操作系统	Windows XP
浏览器	IE7.0
颜色数	32
用户开始时间	2012-12-06 19:13:58
用户结束时间	2012-12-06 19:13:59
用户停留时间	1秒
页面开始时间	2012-12-06 19:13:58
页面结束时间	2012-12-06 19:13:59
页面停留时间	1秒
地区	四川省成都市
页面地址	www.maxen.com.cn/zhuanti/winter/wintercdb.html
备注	
用户来源	cpro.baidu.com/cpro/ui/ui.js.php?styid=0&anatp=0&ti3=f&prt=1354792155984&c01=0&ev=50331648&pn=2&text_default_468_60:103&dt=1354792156&rt=15&did=2&csl=zh...
页面来源	cpro.baidu.com/cpro/ui/ui.js.php?styid=0&anatp=0&ti3=f&prt=1354792155984&c01=0&ev=50331648&pn=2&text_default_468_60:103&dt=1354792156&rt=15&did=2&csl=zh...

图 5-83　会话标记

3. 截取有轨迹部分图

由于用户只访问页面的部分区域，生成图片时，只显示有轨迹的部分图片，以便于分析。比如图 5-84，原始网页长度为 2800 像素，用户只在头部访问，截图只截取了 860 像素。该项为默认选择项。

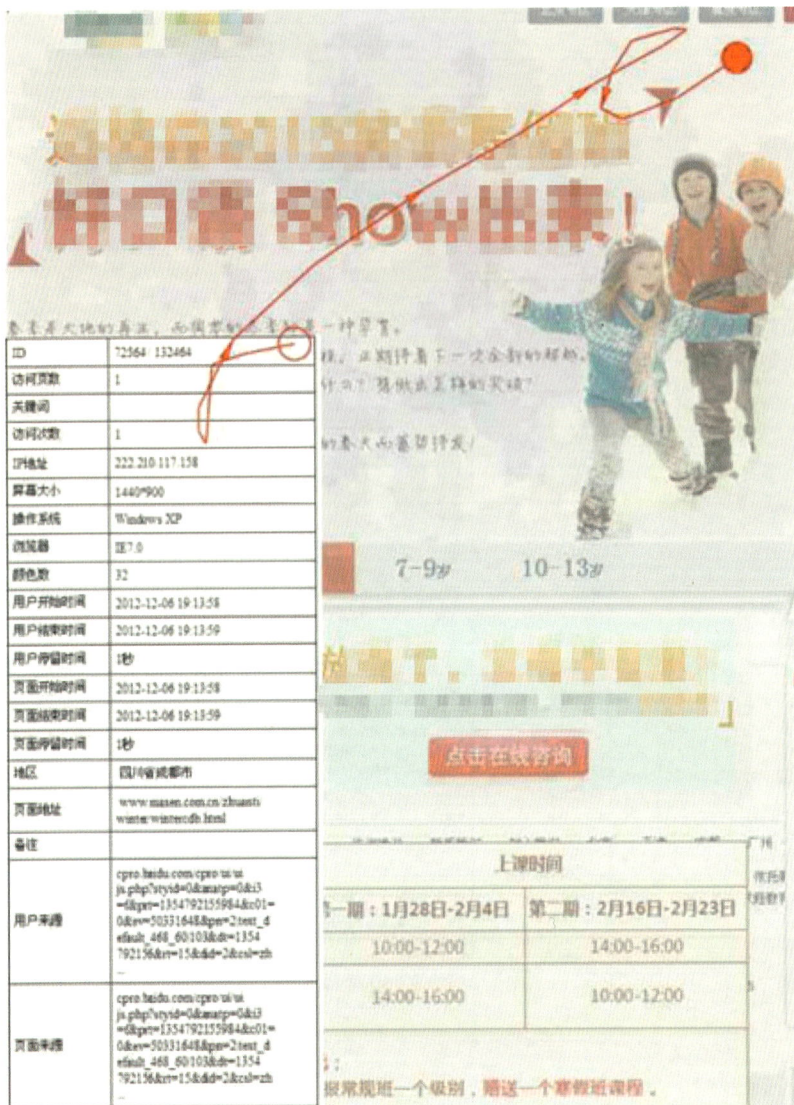

图 5-84　部分截图

4. 图片浏览

当生成独立轨迹图并选择应用窗口时，就会弹出图片浏览窗口，如图 5-85 所示。

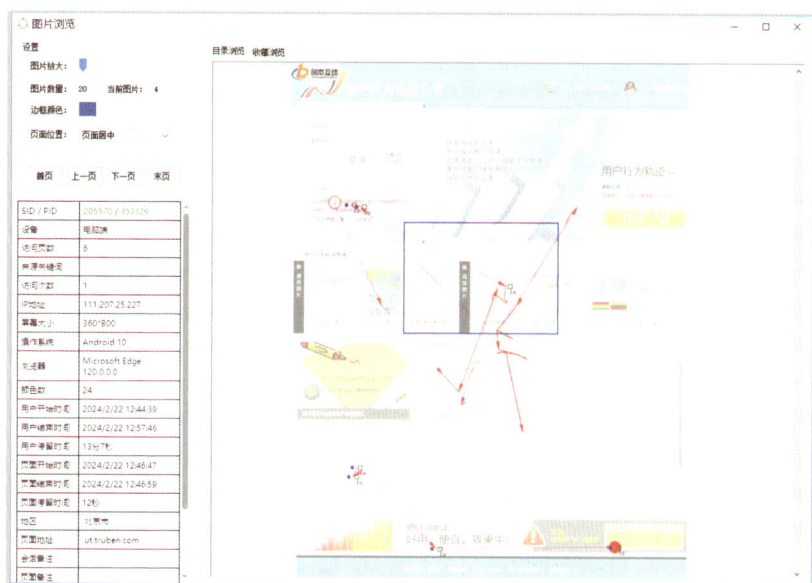

图 5-85　图片窗口

图片窗口分 3 个区域：设置区、内容区、图片区。

（1）设置区

设置区可以对图片进行放大、翻页、设置页面位置操作，如图 5-86 所示。

图 5-86　设置区

（2）内容区

内容区显示图片详细的信息，如图 5-87 所示。

SID / PID	205570 / 353329
设备	电脑端
访问页数	6
来源关键词	
访问次数	1
IP地址	111.207. ... ...
屏幕大小	360*800
操作系统	Android 10
浏览器	Microsoft Edge 120.0.0.0
颜色数	24
用户开始时间	2024/2/22 12:44:39
用户结束时间	2024/2/22 12:57:46
用户停留时间	13分7秒
页面开始时间	2024/2/22 12:46:47
页面结束时间	2024/2/22 12:46:59
页面停留时间	12秒
地区	北京市
页面地址	ut.truben.com
会话备注	

图 5-87　内容区

（3）图片区

图片区可以对图片进行仔细研究。右键会弹出操作菜单，对有价值的图片先收藏后，再集中分析。对无价值的图片可以删除。可以选择区域，只关注区域内轨迹。按动“空格键”可以向下翻页。按动上下箭头，可以进行来回翻页，如图 5-88 所示。

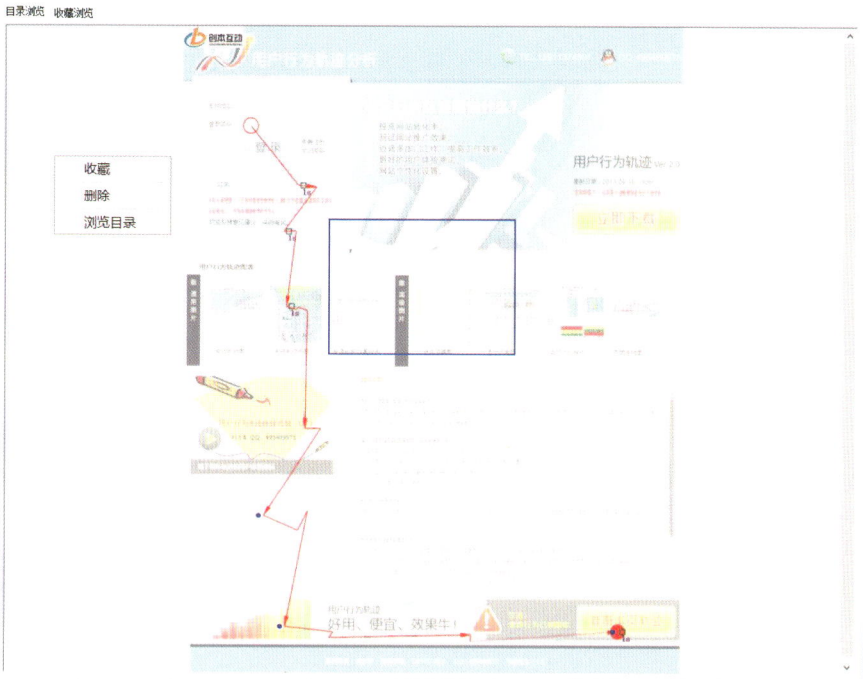

图 5-88　图片浏览

（六）商机热图

如图 5-89 所示。

图 5-89　商机热图

用于分析用户活动热区，图片样例如图 5-90 所示。

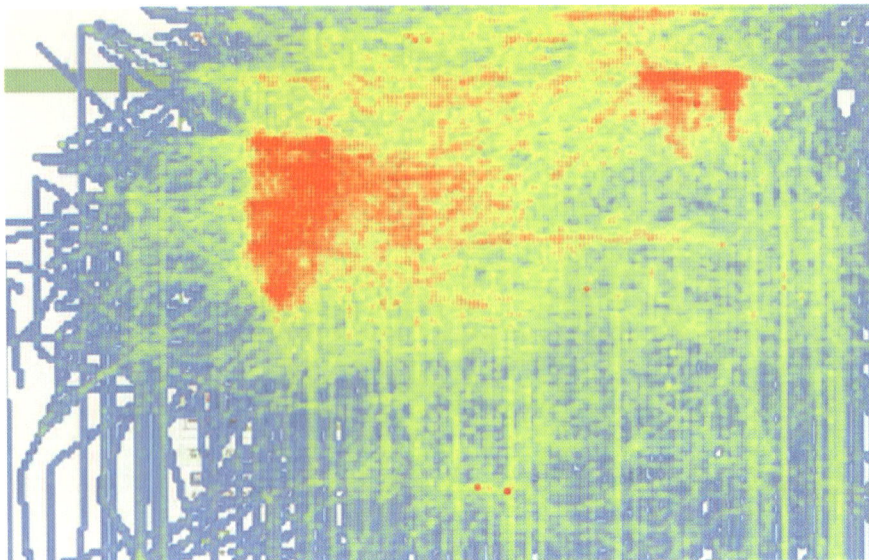

图 5-90 商机热图

各参数的含义如下所示：

1. 热图类型

包括轨迹图、点击图、停留图。用于分析不同条件下的用户行为。

2. 轨迹浓度

热图浓度从蓝色、黄色、红色渐变提升，如图 5-91 所示。

轨迹热图	
统计总数	1171
最大轨迹	238

图 5-91 热图统计

不同的设置会生成不同样式的热图。图 5-92、图 5-93、图 5-94 是同一组数据不同浓度的结果，可以看出高浓度状态下，更方便分辨热点区域。

图 5-92 低浓度状态

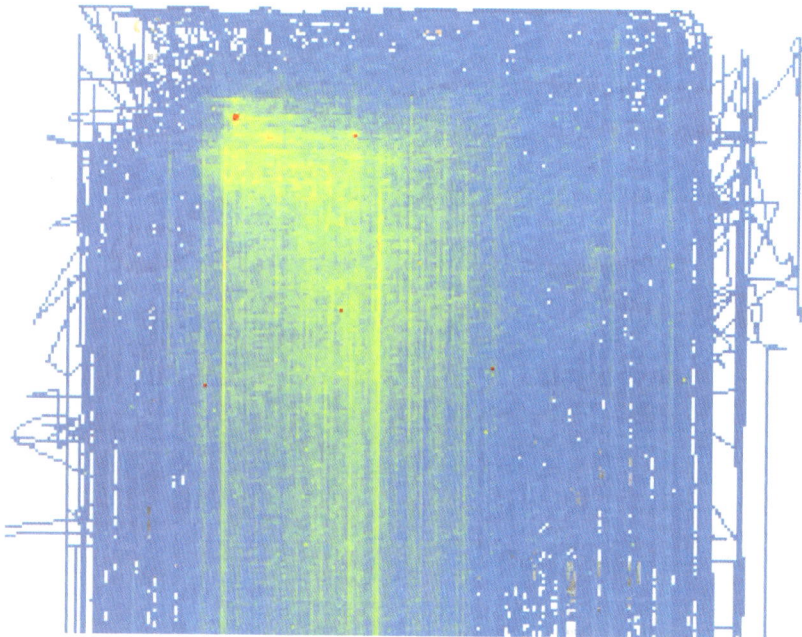

图 5-93 中浓度状态

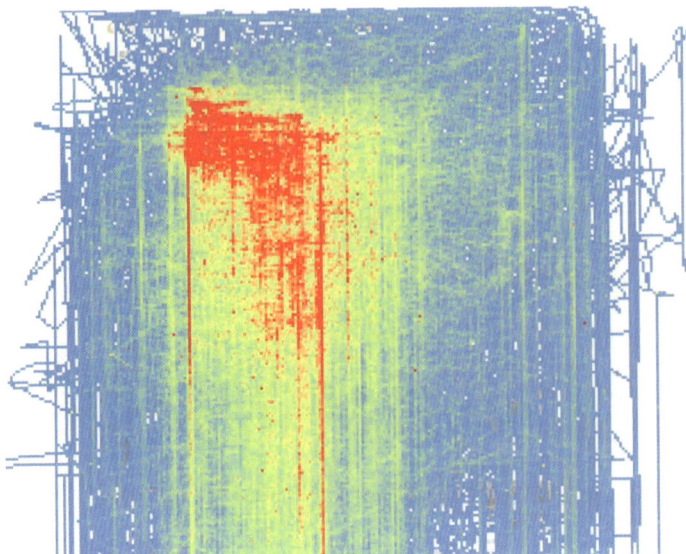

图 5-94　高浓度状态

（七）热图详细页

只看热图，只能看到有限的热点，而且汇总的信息看不到。通过热图详细页窗口，我们可以看到热图更多的信息，如图 5-95 所示。

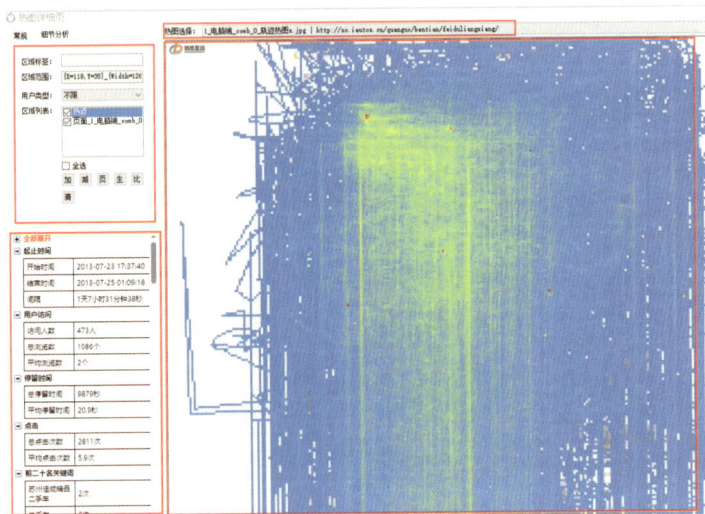

图 5-95　热图详细页

热图细节分 4 个区域：热图设置区、详细内容区、热图选择区、热图显示区。

1. 热图设置区

如图 5-96 所示。

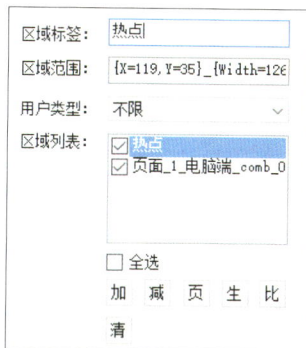

图 5-96　热图设置

（1）区域标签

设置范围名称。

（2）区域范围

标记区域范围，包括坐标和长宽、图片名称。

（3）用户类型

不限：不限定用户。

点击用户：只包括在此区域点击过的用户，用于统计点击率。

（4）区域列表

已经选择的坐标区域，包括已完成计算和未完成计算的区域。

操作按钮：

加、减：增加或删除选择的坐标。

页：全页加入，包括整个页面的详细数据，用于和区域部分进行对比。

生：生成，通过计算轨迹数据，生成选择区域详细信息。

比：比较，对选择的区域进行多方位比较，发现差异。

清：清除选择框。

2. 详细内容区

如图 5-97 所示。

图 5-97　详细内容区

显示选择区域的详细信息。

3. 热图选择区

如图 5-98 所示。

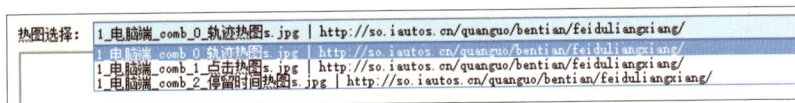

图 5-98　热图选择区

用于切换显示生成的热图，可以是轨迹热图、点击热图、停留时间热图。

4. 热图显示区

如图 5-99 所示。

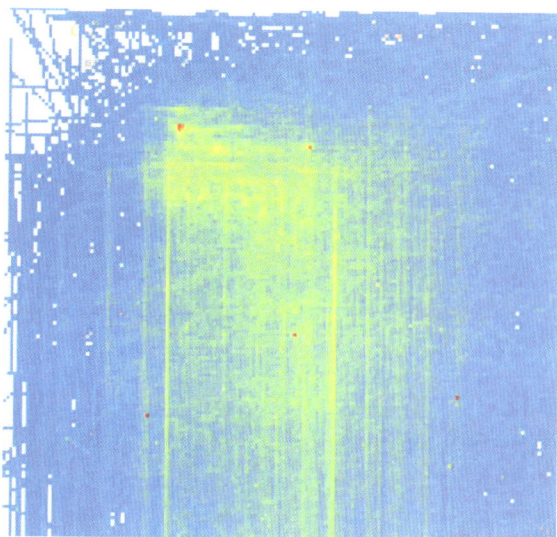

图 5-99　热图显示区

显示对应的轨迹 / 点击 / 停留热图。

在图上的操作：

（1）按下 Ctrl 键：显示背景底图，如图 5-100 所示。

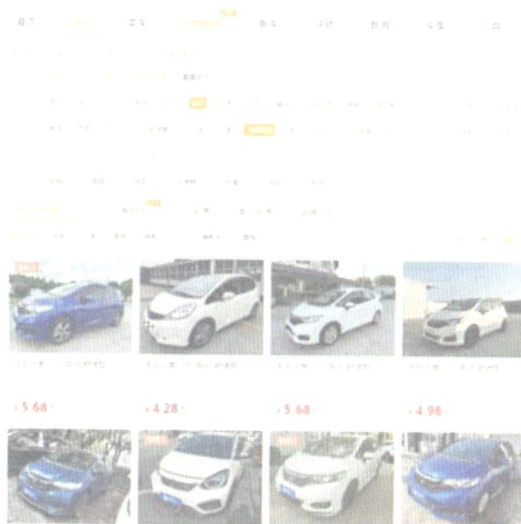

图 5-100　背景底图

（2）按下 Alt 键，同时使用鼠标选择区域，如图 5–101 所示。

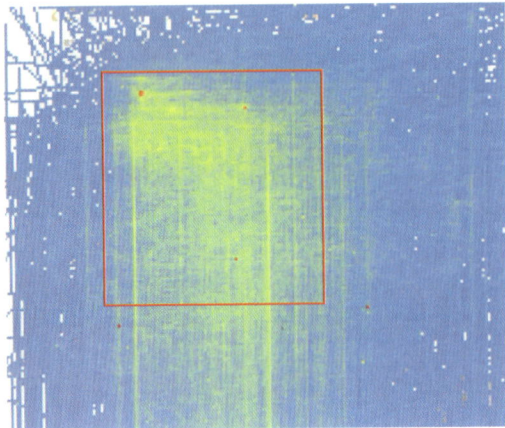

图 5–101　选择区域

（3）按下 Alt+W 键：整个页面会被选择上，效果同按"页"按钮，如图 5–102 所示。

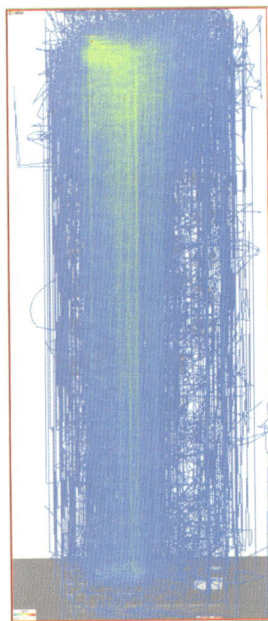

图 5–102　整页选择

（4）按下 Alt+D 键：取消当前选择框。

（5）按下 Alt 键，同时滚动鼠标滚轮，可以放大或缩小图片。

（八）区域比较

区域比较功能是通过比较不同区域的原始数据，发现差异，从而更快地发现问题。在产生差异的地方,项目标题会呈现红色。如图 5-103 所示，在"低热度"区域，屏幕为"1024*768"的项目从第二名下降到了第三名。

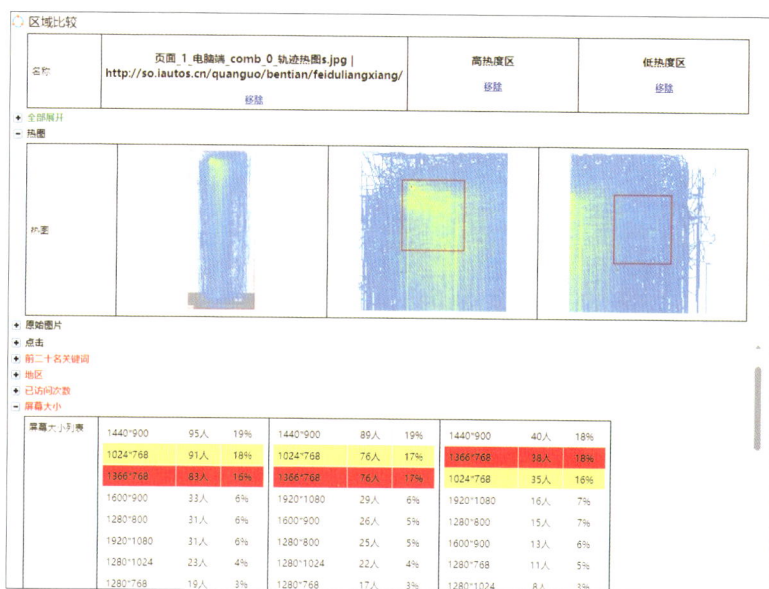

图 5-103　区域比较

（九）效果追踪

如图 5-104 所示。

图 5-104　效果追踪设置

各参数的含义如下所示：

1．来源类型

根据不同来源条件分如下几个类型：

（1）关键词报告。

（2）链接报告。

（3）网站报告。

（4）小时报告。

（5）星期报告。

（6）地区报告。

（7）联盟站报告。

（8）联盟站链接报告。

2．停留时间

统计用户在页面上操作的时间，判断用户对页面感兴趣的程度。

3．路径参数

路径参数是根据访问地址的参数名来过滤。

格式是：显示名称，参数名称或者参数正则表达式。

如：来源 1，utm_source，设置后生成的报告中就会出现以参数名称为来源条件的数据，如图 5-105。

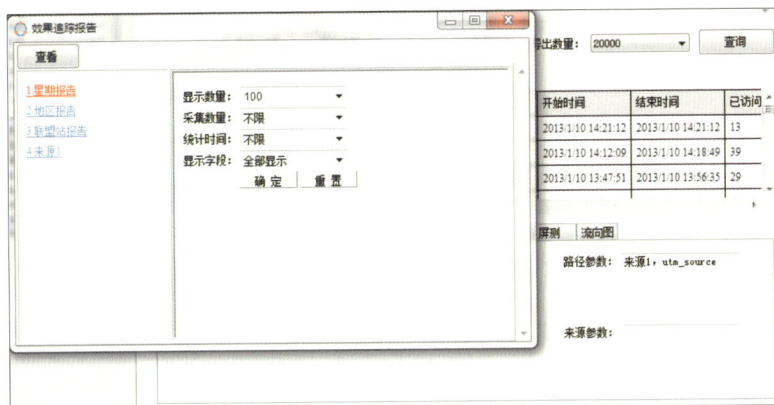

图 5-105　来源数据对比

4. 来源参数

来源参数是根据页面来源的参数名来过滤。格式及显示效果与路径参数一致。

5. 定制翻译

当使用路径参数和来源参数时，会出现一个问题，就是参数是数字，会导致报告的可读性变差，比如，utm_source=96776146。这时候，我们须对这些内容进行翻译。

在当前程序目录 template\report 下增加 utf-8 格式的翻译文件 utm_source.txt，输入下面的内容。

96776146, 首页通栏广告 2

再次打开报告时，就会看到翻译后的结果。

utm_source= 首页通栏广告 2

效果追踪功能很强大，为了更好地查看报告，我们须对数据进行筛选，如图 5–106 所示。

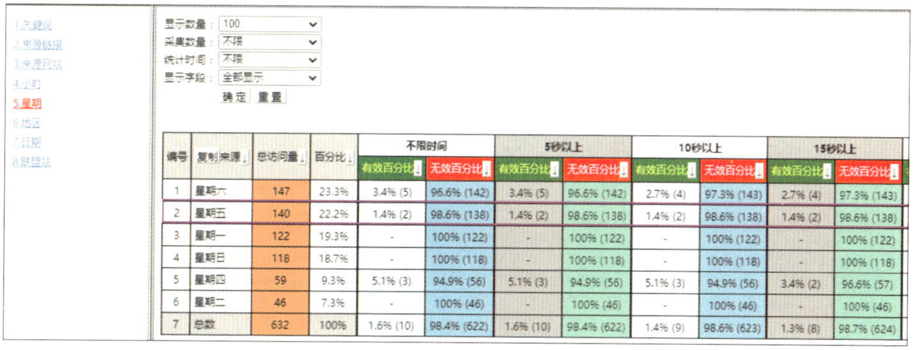

编号	复制来源	总访问量	百分比	不限时间		5秒以上		10秒以上		15秒以上	
				有效百分比	无效百分比	有效百分比	无效百分比	有效百分比	无效百分比	有效百分比	无效百分比
1	星期六	147	23.3%	3.4% (5)	96.6% (142)	3.4% (5)	96.6% (142)	2.7% (4)	97.3% (143)	2.7% (4)	97.3% (143)
2	星期五	140	22.2%	1.4% (2)	98.6% (138)	1.4% (2)	98.6% (138)	1.4% (2)	98.6% (138)	1.4% (2)	98.6% (138)
3	星期一	122	19.3%	-	100% (122)	-	100% (122)	-	100% (122)	-	100% (122)
4	星期日	118	18.7%	-	100% (118)	-	100% (118)	-	100% (118)	-	100% (118)
5	星期四	59	9.3%	5.1% (3)	94.9% (56)	5.1% (3)	94.9% (56)	5.1% (3)	94.9% (56)	3.4% (2)	96.6% (57)
6	星期二	46	7.3%	-	100% (46)	-	100% (46)	-	100% (46)	-	100% (46)
7	总数	632	100%	1.6% (10)	98.4% (622)	1.6% (10)	98.4% (622)	1.4% (9)	98.6% (623)	1.3% (8)	98.7% (624)

图 5–106　效果追踪

各参数的含义如下所示：

1. 显示数量

默认是显示全部内容，但分析时，我们应该只对重要的内容进行分析，比如只需要分析前 10 名就可以解决 80% 的问题，如图 5–107 所示。

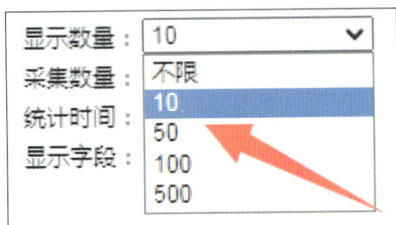

图 5–107　显示数量设置

2. 采集数量

我们在分析时，需要看采集的数量是否足够，太少的数量是无法分析出规律的，所以我们需要设置采集数量大于某个值，如图 5–108 所示。

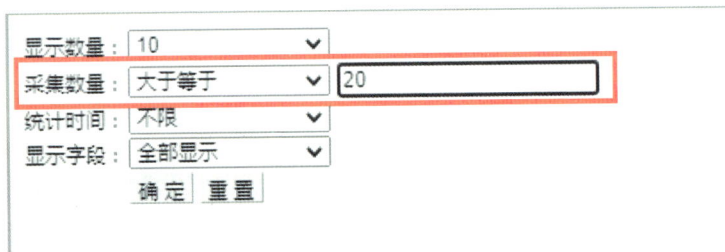

图 5–108　采集数量设置

3. 统计时间

为了进一步地缩小分析范围，我们可以设置一个标准，把高于或者低于标准的数据进行分析，从而快速获得结论，如图 5–109 所示。

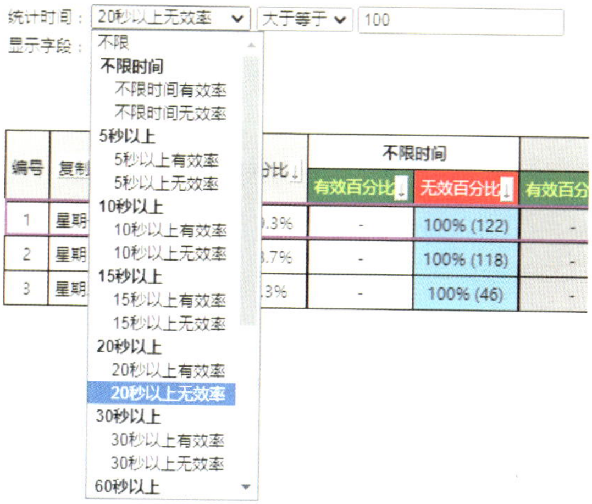

图 5-109　统计时间设置

4. 显示字段

有效率字段用于分析高质量的来源，无效率字段用于分析低质量的来源。我们可以选择只显示某一类的数据，如图 5-110、图 5-111 所示。

编号	复制来源↓	总访问量↓	百分比↓	不限时间		5秒以上		10秒以上		15秒以上	
				有效百分比↓	无效百分比↓	有效百分比↓	无效百分比↓	有效百分比↓	无效百分比↓	有效百分比↓	无效百分比↓
1	星期六	147	23.3%	3.4% (5)	96.6% (142)	3.4% (5)	96.6% (142)	2.7% (4)	97.3% (143)	2.7% (4)	97.3% (143)
2	星期五	140	22.2%	1.4% (2)	98.6% (138)	1.4% (2)	98.6% (138)	1.4% (2)	98.6% (138)	1.4% (2)	98.6% (138)
3	星期一	122	19.3%	-	100% (122)	-	100% (122)	-	100% (122)	-	100% (122)
4	星期日	118	18.7%	-	100% (118)	-	100% (118)	-	100% (118)	-	100% (118)
5	星期四	59	9.3%	5.1% (3)	94.9% (56)	5.1% (3)	94.9% (56)	5.1% (3)	94.9% (56)	3.4% (2)	96.6% (57)
6	星期二	46	7.3%	-	100% (46)	-	100% (46)	-	100% (46)	-	100% (46)
7	总数	632	100%	1.6% (10)	98.4% (622)	1.6% (10)	98.4% (622)	1.4% (9)	98.6% (623)	1.3% (8)	98.7% (624)

图 5-110　全部显示

编号	复制来源↓	总访问量↓	百分比↓	不限时间	5秒以上	10秒以上	15秒以上	20秒以上	30秒以上	60秒以上	90秒以上
				有效百分比↓	有效百分比↓	有效百分比↓	有效百分比↓	有效百分比↓	有效百分比↓	有效百分比↓	有效百分比↓
1	星期六	147	23.3%	3.4% (5)	3.4% (5)	2.7% (4)	2.7% (4)	2% (3)	2% (3)	1.4% (2)	1.4% (2)
2	星期五	140	22.2%	1.4% (2)	1.4% (2)	1.4% (2)	1.4% (2)	1.4% (2)	1.4% (2)	1.4% (2)	0.7% (1)
3	星期一	122	19.3%	-	-	-	-	-	-	-	-
4	星期日	118	18.7%	-	-	-	-	-	-	-	-
5	星期四	59	9.3%	5.1% (3)	5.1% (3)	5.1% (3)	3.4% (2)	3.4% (2)	1.7% (1)	1.7% (1)	1.7% (1)
6	星期二	46	7.3%	-	-	-	-	-	-	-	-
7	总数	632	100%	1.6% (10)	1.6% (10)	1.4% (9)	1.3% (8)	1.1% (7)	0.9% (6)	0.8% (5)	0.6% (4)

图 5-111　只显示有效率的数据

（十）挽留热图

如图 5-112 所示。

图 5-112　挽留热图设置

各参数的含义如下所示：

1. 热图浓度

热图浓度从最低浓度为蓝色到最高为红色，渐变，如图 5-113 所示。

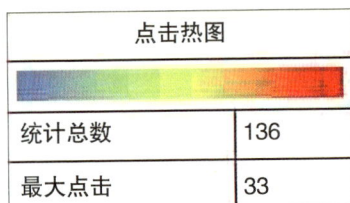

点击热图	
统计总数	136
最大点击	33

图 5-113　热图浓度

2. 退出步数

由于我们无法准确获得用户离开前看的最后一个页面元素，所以我们从用户离开的最后一个点算起，向前倒数几步，作为我们假定用户最后浏览的区域。

3. 热图类型

包括轨迹热图、点击热图、停留热图。用于分析不同条件下用户行为。

（十一）屏测

如图 5-114 所示。

图 5-114　屏测设置

屏测参数只有一个，就是屏测范围。它是设置我们打算统计使用的前多少名。如果设置过大，造成排名太多，不利于分析。

开始导出后会弹出屏测页面，如图 5-115 所示。

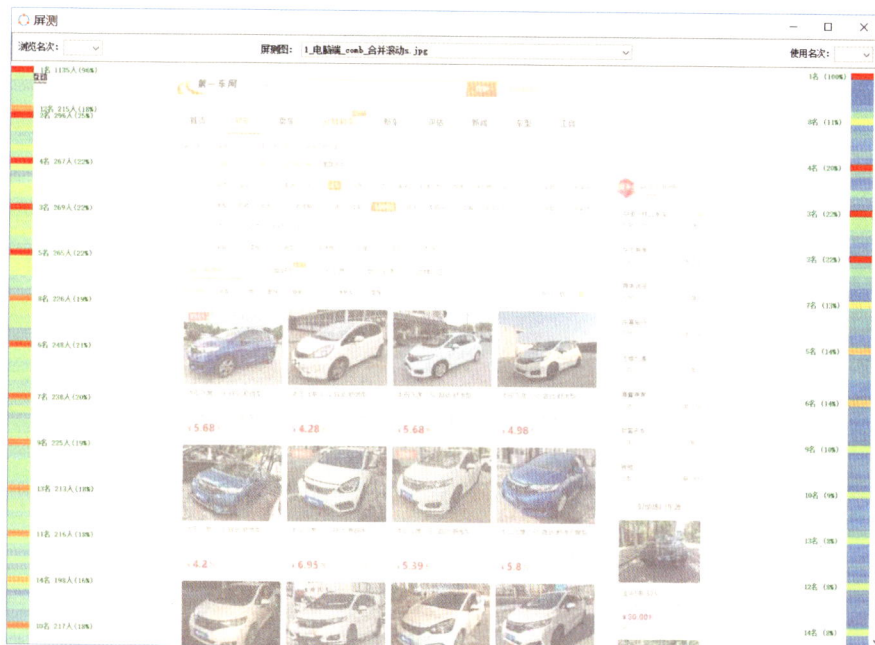

图 5-115　屏测页面

屏测页面分上下两部分，上面是控制区，下面是页面。控制区包括浏览名次、屏测图选择、使用名次。

当我们选择了名次后，页面就会滚动到对应的名次位置，那么页面显示的那一屏就是用户看到的那一屏，如图 5-116 所示。

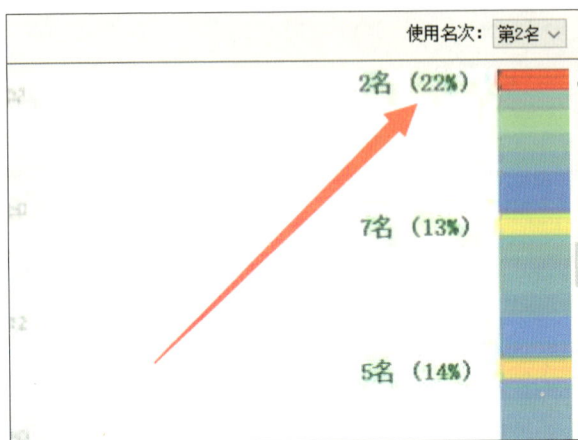

图 5-116　滚动到对应的名次

（十二）流向图

如图 5-117 所示。

图 5-117　流向图设置

流向图外部参数只有一个热图浓度，主要的设置都在页面中，如图 5-118 所示。

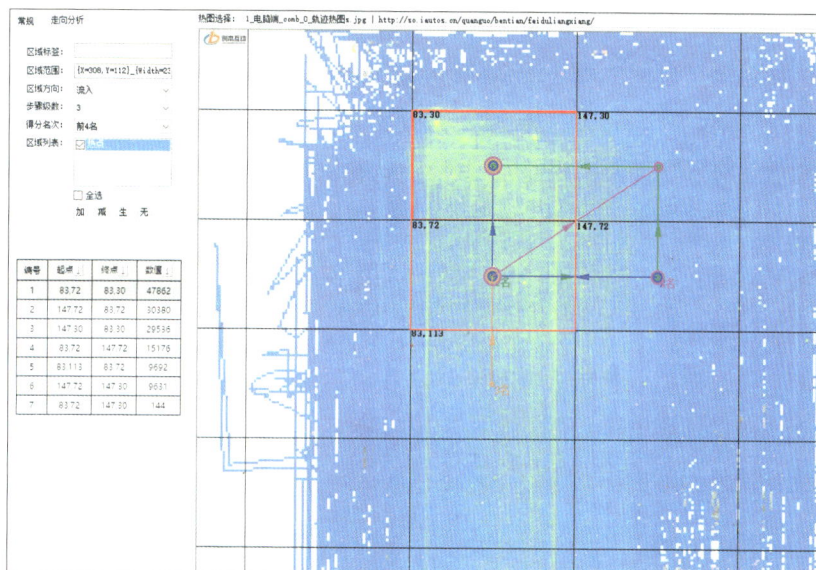

图 5-118　流向图界面

页面分为：热图设置区、详细内容区、热图选择区、热图显示区。

1. 热图设置区

如图 5-119 所示

图 5-119　热图设置区

区域标签：选择区域的名称。

区域范围：鼠标选择区域坐标，包括 X 坐标、Y 坐标、宽度、长度。

区域方向：分为流入、流出。

步骤级数：从选择区算起运行的步数，最多 5 级，级数越多生成时间越长。

得分名次：只统计前几名的数据，用不同的颜色线及线圈绘制在图片上。

区域列表：已经选择的坐标区域，包括已完成计算和未完成计算的区域。

操作按钮：

加、减：增加或删除选择的坐标。

生：通过计算轨迹数据，生成走向趋势图。

无：恢复到可操作状态，进行下一次选择操作。

2. 详细内容区

如图 5-120 所示。

编号	起点↓	终点↓	数值↓
1	83,72	83,30	47862
2	147,72	83,72	30380
3	147,30	83,30	29536
4	83,72	147,72	15176
5	83,113	83,72	9692
6	147,72	147,30	9631
7	83,72	147,30	144

图 5-120　详细内容区

显示选中区域的详细流向信息。项目包括起点、终点和数值。起点和终点的坐标显示在区块（图 5-121）的左上角。例如图 5-120 中的数值是从下到上，数值是 47 862，说明用户大多数是从下面移动到上面来切换搜索条件的，符合设计要求。

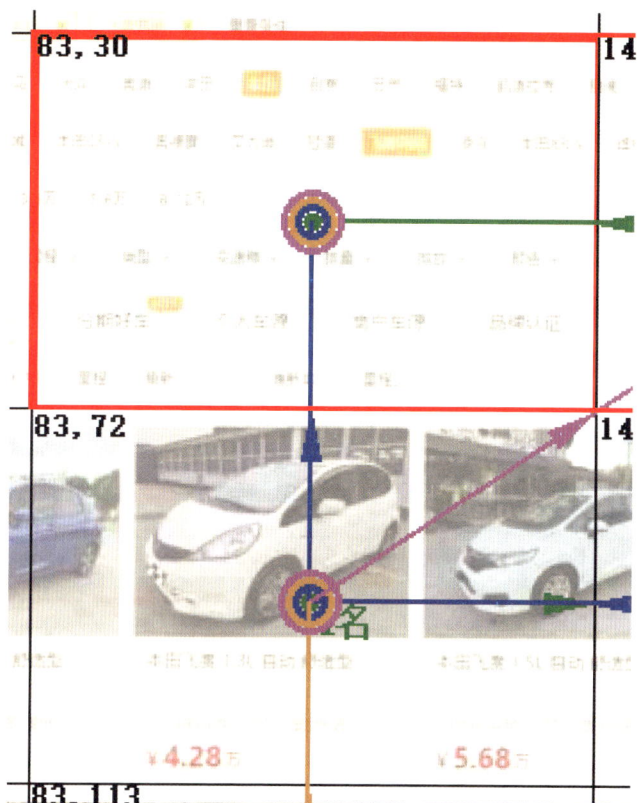

图 5-121　区块

3. 热图选择区

如图 5-122 所示。

热图选择：　1_电脑端_comb_0_轨迹热图s.jpg | http://so.iautos.cn/quanguo/bentian/feiduliangxiang/

图 5-122　热图选择区

用于切换显示生成的热图，以轨迹热图为主。

4. 热图显示区

显示对应的轨迹图，按 Ctrl 可以看到清晰的底图，如图 5-123、图 5-124 所示。

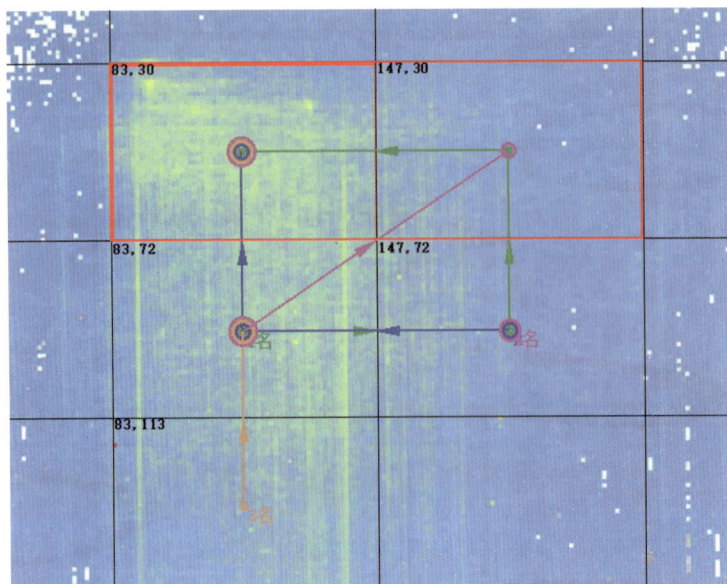

图 5-123　热图流向图

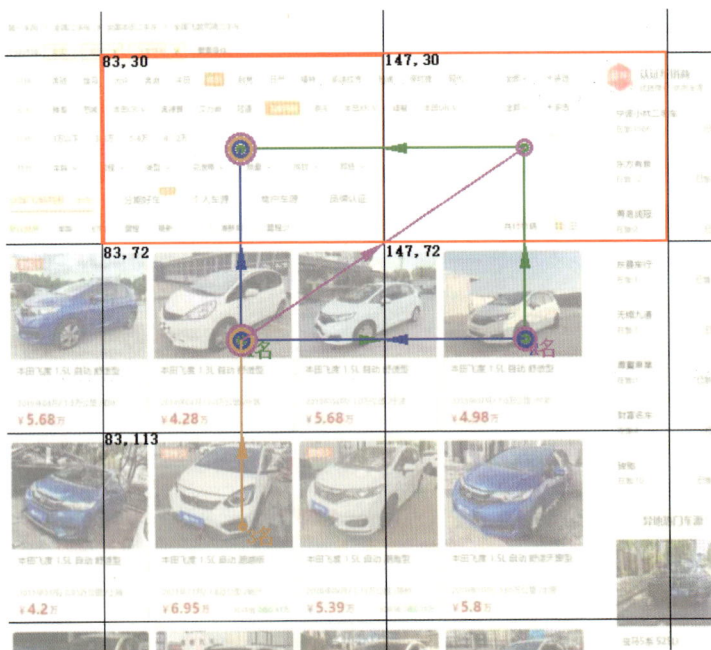

图 5-124　底图流向图

九、个体录像

当遇到非常复杂的页面轨迹时，就需要使用个体录像来研究。个体录像界面包括播放列表、控制区、展示区，如图 5-125 所示。

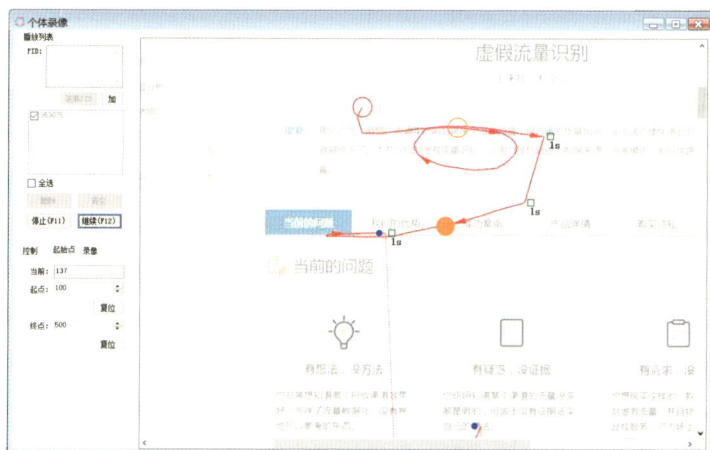

图 5-125　个体录像界面

（一）播放列表

增加需要播放的页面 ID，如图 5-126 所示。

图 5-126　播放列表

PID 有 2 种增加方式：

1. 直接增加

在 PID 框中输入 ID 值，点击"加"按钮，如图 5-127 所示。

图 5-127　输入 ID

2. 装载剪切板中的 PID

当剪切板中有 PID 时，可以直接点击"装载 PID"直接加入，如图 5-128 所示。

图 5-128　装载 PID

PID 从哪儿来？

在独立轨迹图文件名末尾有一系列数字，该数字为 PID，如图 5-129 所示。

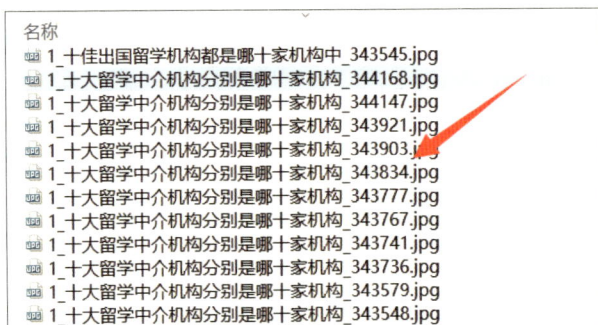

图 5-129　导出文件列表

在导出的会话记录中也存在 PID，直接点击，字体颜色会变成红色，PID 就拷贝到剪切板中，可以同时拷贝多个，如图 5–130 所示。

打开	SID	设备	访问页数	停留时间	关键词	地区
打开	205407	电脑端	1	12秒		北京市
关闭	205406	电脑端	3	18秒		北京市

PID	停留时间	开始时间	结束时间
353074	2秒	2024/1/19 14:01:07	2024/1/19 14:01:0
353075	10秒	2024/1/19 14:01:15	2024/1/19 14:01:2
353077	29秒	2024/1/19 14:05:56	2024/1/19 14:06:2

图 5–130　会话记录 ID

（二）控制

如图 5–131 所示。

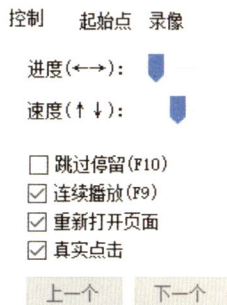

图 5–131　控制

进度：显示或设置页面的进度，可以跳过不重要的过程。

速度：设置鼠标移动的速度。

跳过停留：选择该项，鼠标移动到停留时间时，会跳过停留，从而节约查看时间。

连续播放：当前页面播放完成后，会继续循环播放。

重新打开页面：有些网页构造复杂，点击后，需要重新打开页面初始化环境；有些页面简单，可不选择该项，加快查看速度。

（三）起始点

录像默认是用户访问的一个完整的流程，全部看完非常耗费时间，大部分时间，我们只需要看关键地方的录像，所以，我们需要对关键地方进行定位，从而只看该区域的浏览记录，如图 5-132 所示。

图 5-132　起始点

在设置了起点和终点后，在页面中就会显示橘黄色的标记，标注两端位置，鼠标只在这之间移动，如图 5-133 所示。

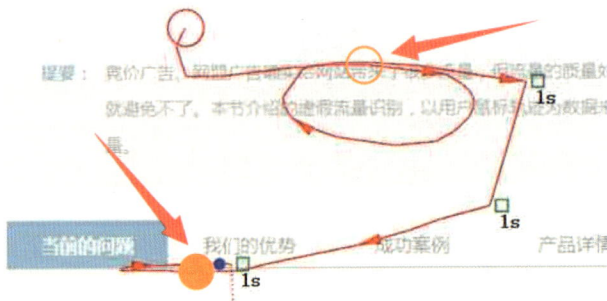

图 5-133　起始点标记

（四）录像

观看某一段轨迹时，需要操作很多步，还需要使用平台，非常不方便给领导和客户演示，所以我们可以把播放的过程录制成 mp4 视频，这样就可以随时随地使用了，如图 5-134 所示。

控制　　起始点　录像

时间：　00:00:00

开始　　暂停　　停止

☐ 同步启动
☐ 同步停止
☑ 停止后打开　目录

图 5-134　录像

同步启动停止：在播放录像的同时开始录制视频，停止录像就终止录制视频。之所以分开设置，可以在录像停止后，录制手工操作的部分，如图 5-135 所示。

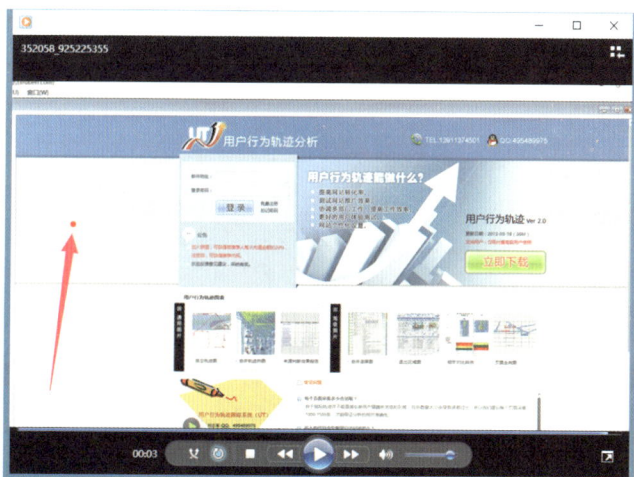

图 5-135　播放录像

在录像中，移动的红点就是鼠标。

（五）播放区

默认播放区显示的是网页，如图 5-136 所示。

图 5-136　网页状态

　　当长时间按下 Ctrl 键后，会显示轨迹图。松开 Ctrl 键恢复到网页状态。当短时间按下 Ctrl 键并松开，会固定显示轨迹图。再按一下，会恢复到网页状态。此功能方便在网页和轨迹图之间进行切换，如图 5-137 所示。

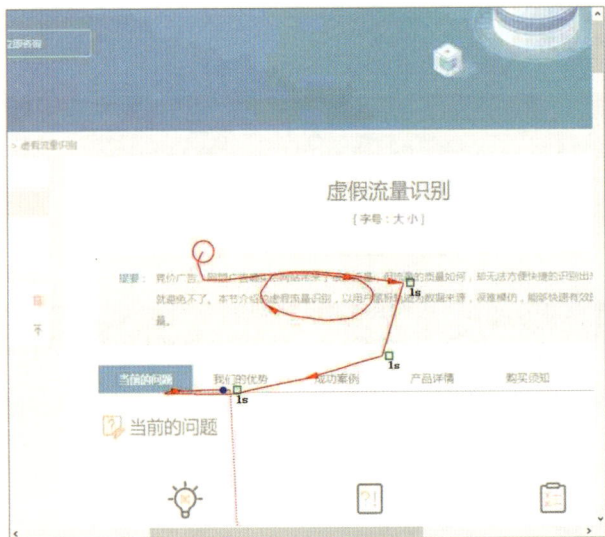

图 5-137　轨迹图状态

十、实时轨迹

为了能够在用户访问的时候快速显示图片，我们需要先采集链接，提前准备好内容。

（一）图片下载

采集如图 5-138 所示。

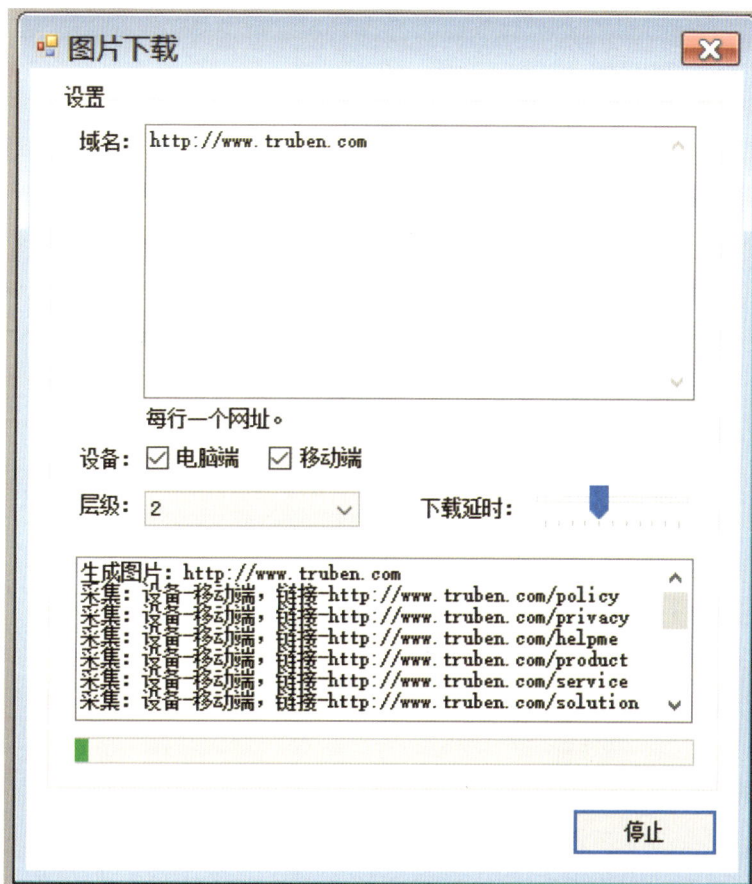

图 5-138 采集

按页面提示，输入域名地址，选择设备和采集的层级就可以开始下载图片了。

（二）实时动态

实时动态是我们使用的主要窗口。界面分搜索区、用户树、展示区（包括实况显示、浏览器、信息），如图 5-139 所示。

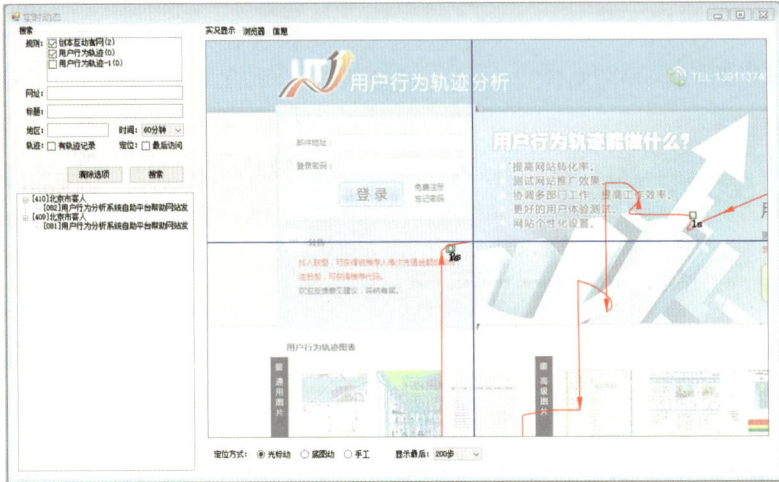

图 5-139　实时动态界面

1. 搜索区

如图 5-140 所示。

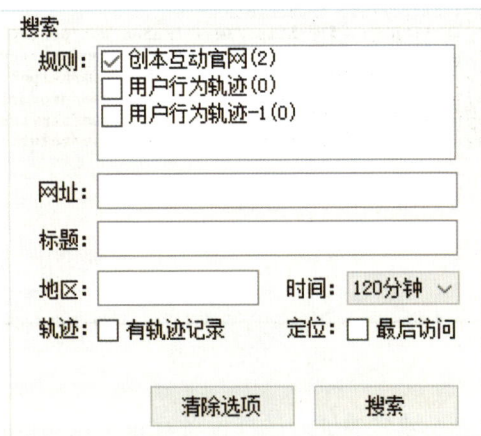

图 5-140　搜索区

可以通过网址、标题、地区、轨迹来筛选不同用户。也可以选择3~120分钟内的用户轨迹，当前和历史轨迹都可以看到。

2. 用户树

显示当前在线的用户。若页面未下载过图片，将显示网址。若页面下载过图片，则显示网页标题，如图5-141所示。

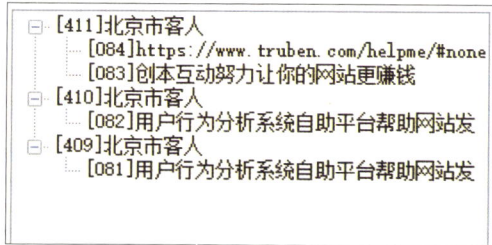

图 5-141　用户树

文字前面的数字可以在页面上显示出来，比如这里是411。若用户来电咨询，客服人员可以询问这个数字，从而找到这个用户的轨迹，通过电话指导用户，在界面上看到用户的轨迹反馈。

3. 实况显示

X坐标和Y坐标的蓝线交叉点为当前的坐标。以3种方式显示当前用户的轨迹，分别是：

（1）光标动

底图不动，X坐标、Y坐标动，如图5-142所示。

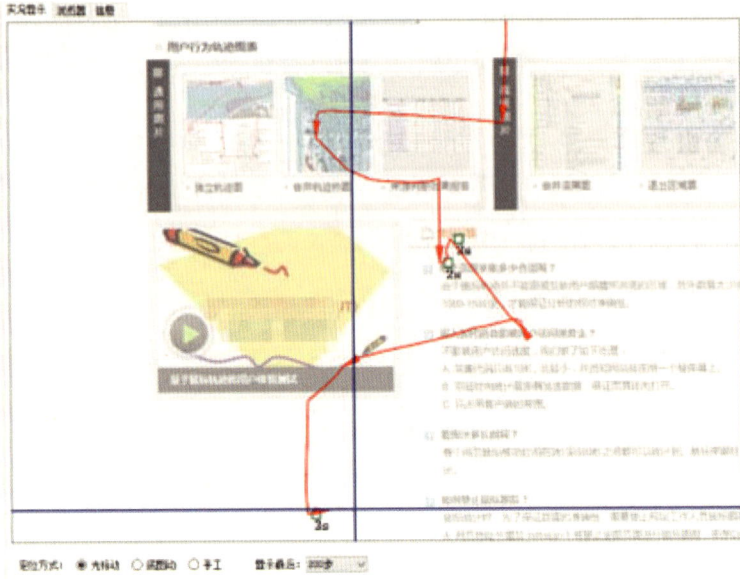

图 5–142　光标动

（2）底图动

X 坐标、Y 坐标位于中心，底图移动，匹配中心，如图 5–143 所示。

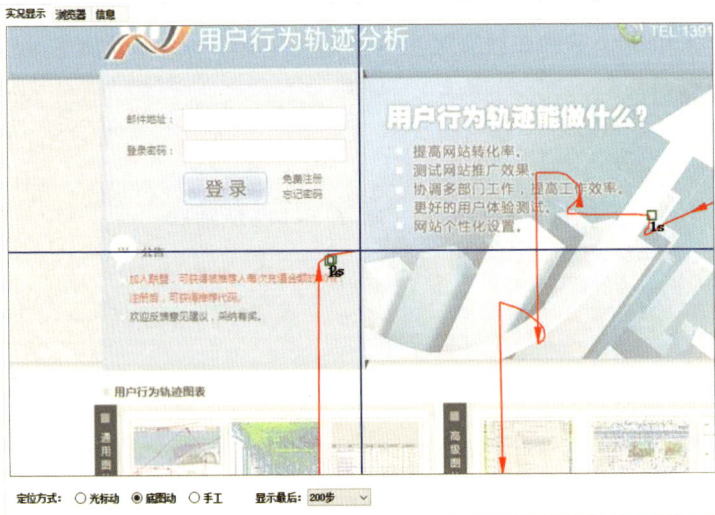

图 5–143　底图动定位

（3）手工

界面上出现了滚动条，可以通过拖拽，手工浏览全部内容，如图 5-144 所示。

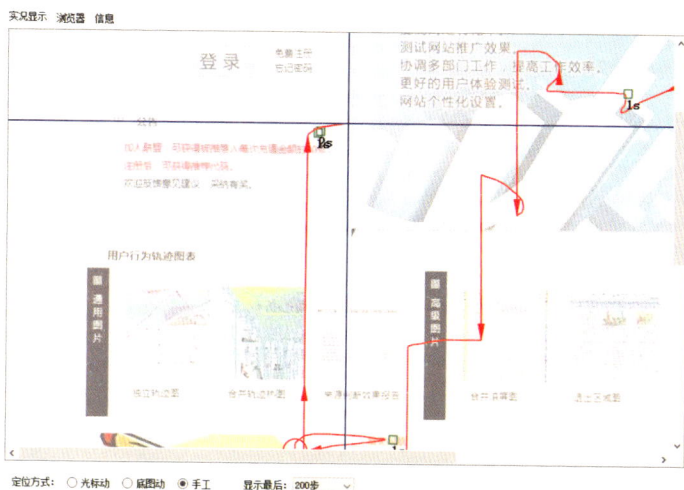

图 5-144　手工定位

为了保证页面显示整洁，默认只显示最后 200 步的内容。

如果在采集时没有底图，就会立刻采集，页面会显示正在生成图片。所以为了保证图片快速显示，需要通过图片下载功能提前把图片下载好，如图 5-145 所示。

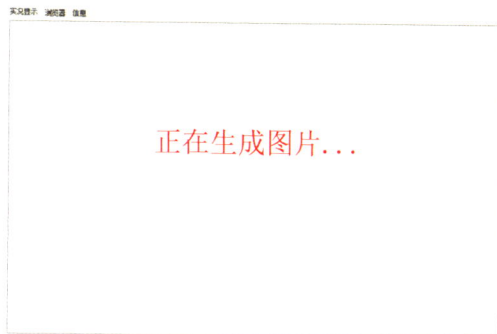

图 5-145　正在生成图片

187

快捷按键：在界面上按下 Ctrl 键，可以切换到浏览器窗口。释放 Ctrl 键，返回当前窗口。

4. 浏览器

显示当前用户访问的网址，弥补页面不清晰的问题，同时可以更快地和用户进行同步操作，如图 5-146 所示。

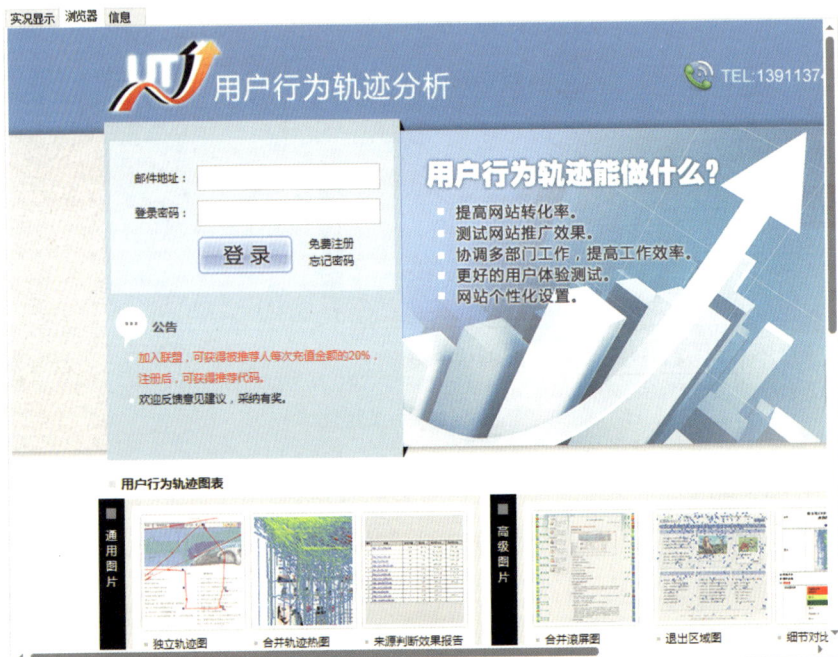

图 5-146　浏览器

5. 信息

显示当前用户的详细内容，如图 5-147 所示。

实况显示　浏览器　信息

SID / PID	206457 / 354735
设备	电脑端
访问页数	15
来源关键词	
访问次数	303
IP地址	1.119.xxx.xxx
屏幕大小	1366*768
操作系统	Windows 10
浏览器	QQ Browser 11.2.5170.400
颜色数	24
用户开始时间	2024/8/21 12:00:29
用户结束时间	2024/8/24 17:47:37
用户停留时间	4667分8秒
页面开始时间	2024/8/24 17:28:05
页面结束时间	2024/8/24 17:47:37
页面停留时间	19分32秒
地区	北京市
页面地址	www.truben.com/contact-us
会话备注	
页面备注	
用户来源	
页面来源	www.truben.com/fad

图 5-147　详细信息

第六章

使用用户轨迹系统

看完前面的 5 个章节，你一定迫不及待想使用用户轨迹来解决问题了吧？另外你也一定会产生这样的疑惑，在各行各业各种卷的氛围下，为什么自己没有听说过类似的系统呢？本章给你介绍一下用户轨迹的不足、使用者分类，还有我们提供的服务。

第一节　用户轨迹的不足

国内传统的统计工具很多，比如百度统计、CNZZ、51.la、友盟等，你听说过国内的用户轨迹分析公司吗？很少。为什么会这样呢？这是因为用户轨迹有很多不足，主要是市场环境差和技术复杂。

一、市场环境差

用户轨迹系统诞生于 2011 年，正是中国互联网高速发展的时期，这个项目也于 2013 年 4 月获得 3 个朋友的天使投资，投资人中还包括一位百度高管，但也仅仅维持了 6 个月，项目就终止了。

为什么这么有效的产品却没有客户呢？在当时，我们认为产品的主要用户群是各大广告公司，还有互联网大厂，他们有专业的分析人才，这个产品可以帮助他们节约广告费用，提高转化率。而且 3 个投资人的人脉也都是互联网大厂的。但在实际接触中我们发现，广告公司和互联网大厂为了给客户和领导汇报业绩，反而是虚假流量的主要用户。而互联网的高速增长又掩盖了这些虚假流量，市场上一片繁荣的景象。在这样的环境下，自然不希望有人打破这种局面，投资人的资源用不上，开发新客户成本又太高，最终项目就这样结束了。

二、技术复杂

用户轨迹使用起来还是比较麻烦的，主要原因是数据大、生成慢、不直观、变化多。

（一）数据大

图 6-1 是我网站的百度统计生成的一个访问用户的数据。网页先下载了脚本，再通过 2 个 Gif 图片，把网站的数据上传到服务器上，一共 666 个字节。

图 6-1　百度统计数据

再看用户轨迹系统 10 秒钟生成的数据。包括参数数据和 15 条鼠标轨迹数据，一共 5072 个字节。假定我们分析一个用户需要 90 秒的数据，那数据量将达到 45k 字节，是百度统计的 69 倍，如图 6-2 所示。

图 6-2　用户轨迹数据

数据量大，就意味着需要更多的存储，存储成本就增加了。

（二）生成慢

在前面的章节中，我介绍了生成轨迹图的方法，其中的第一步是生成底图，然后在其上绘制轨迹线。然而，生成底图的过程非常缓慢，可能需要几十分钟的时间，而且无法通过简单的方法提升效率。这主要归因于以下 4 四个原因：

1. 一类人一图

如果我们将底图生成为相同宽度，我们将无法发现只在窄屏幕上出现的问题，例如遮挡结算按钮的情况。因此，我们首先需要统计存在多少种宽度，然后调整窗口宽度，下载页面并生成图片。通常情况下，对于 1000 个轨迹，可能会有十几种不同的宽度。

2. 滚动加载

滚动加载技术是目前许多网站采用的一种方式，它按需下载资源，有效节约了网站的带宽，对于网站的性能和用户体验都非常有利。然而，这也增加了生成图片的难度。为了确保生成的图片具有意义，我们不得不滚动页面，确保页面上的内容显示出来之后再进行截图。因为底图是空白的时候，无论有多少轨迹都没有意义。

3. 时效性

如果没有时效性的考虑，我们仅生成一次轨迹图也可以提高效率。然而，现实情况是网站经常进行改版，广告和内容也会不断变化，这就需要我们在每次进行分析之前先生成新的底图。这是因为如果我们将轨迹绘制在与其不匹配的底图上，分析结果将失去意义。

4. 技术瓶颈

很早之前我使用微软的 IE 浏览器插件，可以运行在多任务的环境中。后来，浏览器都升级成了 Chrome，微软的浏览器插件也更新了，也是采用 Chrome 的内核，但不支持多任务了，只能单任务运行。这就导致本来可以并行的任务只能串行执行，效率又下降一大截。

其实在用户轨迹研发初期，我就模仿传统统计工具，做了在线的生成系统，但因为上述原因，只能生成简单的网页图，复制的网页就会出现问题，后来我就放弃在线生成的功能了。

（三）不直观

传统统计方法以数字指标的形式直观地反映了网站的访问量和用户行为，例如 IP、PV、UV 等指标。通过观察这些指标的增减变化，可以快速了解网站的整体情况。

然而，研究用户轨迹生成的图需要具备丰富的用户分析经验。分析者须结合产品、网站以及用户心理等因素，进行主观分析。这是因为用户轨迹图呈现了用户在网页上的行为轨迹，而不是直接的数字指标。因此，分析者须能够解读和理解轨迹图中的不同模式、路径和行为。即使对于经验丰富的专家来说，大部分用户轨迹图也可能难以提供更有价值的信息。除了少数的图像能够直观地显示问题，对于其他图像，获得更深层次的洞察可能是有挑战的。

不够直观，这也限制了用户轨迹图技术的使用范围。

（四）变化多

传统统计方法受网站改版、设备切换等影响很小，通常情况下，进行几年一次的升级就可以满足使用要求。

然而，用户轨迹生成的图像就不太容易处理了。网站改版和设备切换等细微的变化都会对生成效果产生影响。例如如果网站采用了滚动加载的方式，生成图像时就需要相应地进行调整。而在设备切换时，为了确保生成的图像能够准确展示网站的内容，需要模拟相应的设备信息。此外，生成登录用户的操作页面还需要模拟用户的登录信息。还有，随着浏览器从 IE 跨越到 Chrome，也要对图像生成模块进行升级。记得我开始研究用户轨迹时，大部分时间都用在开发重现场景的功能模块上，而不仅仅是研究图像本身。

由于市场环境差、技术复杂，因此，没有一家大公司愿意开发类似的系统。

第二节 用户轨迹的使用者

我把 10 年间使用过鼠标轨迹的用户进行了归类，分为下面四类：

一、专业用户

经费充足，在自己的服务器上独立安装整个用户轨迹系统，完全自主控制，可以有效地避免数据外泄。通常是用户研究实验室、大公司用户体验部门使用。

二、自助用户

经费有限，使用公用的服务器，可以自助设置采集和生成，和专业用户一样灵活。通常是专业的用户分析师使用。

三、普通用户

只是为了解决自己的用户体验问题，只关心结果，不关心过程。适合中小企业和用户体验爱好者。

四、测试用户

毕竟用户轨迹是一个全新的东西，很多人对它的作用还有一些怀疑，所以会花很少的费用来尝试使用。效果好了，再升级成其他用户类型。